일신서적출판사

차례

선 그리기

선을 따라서 그려 보세요.

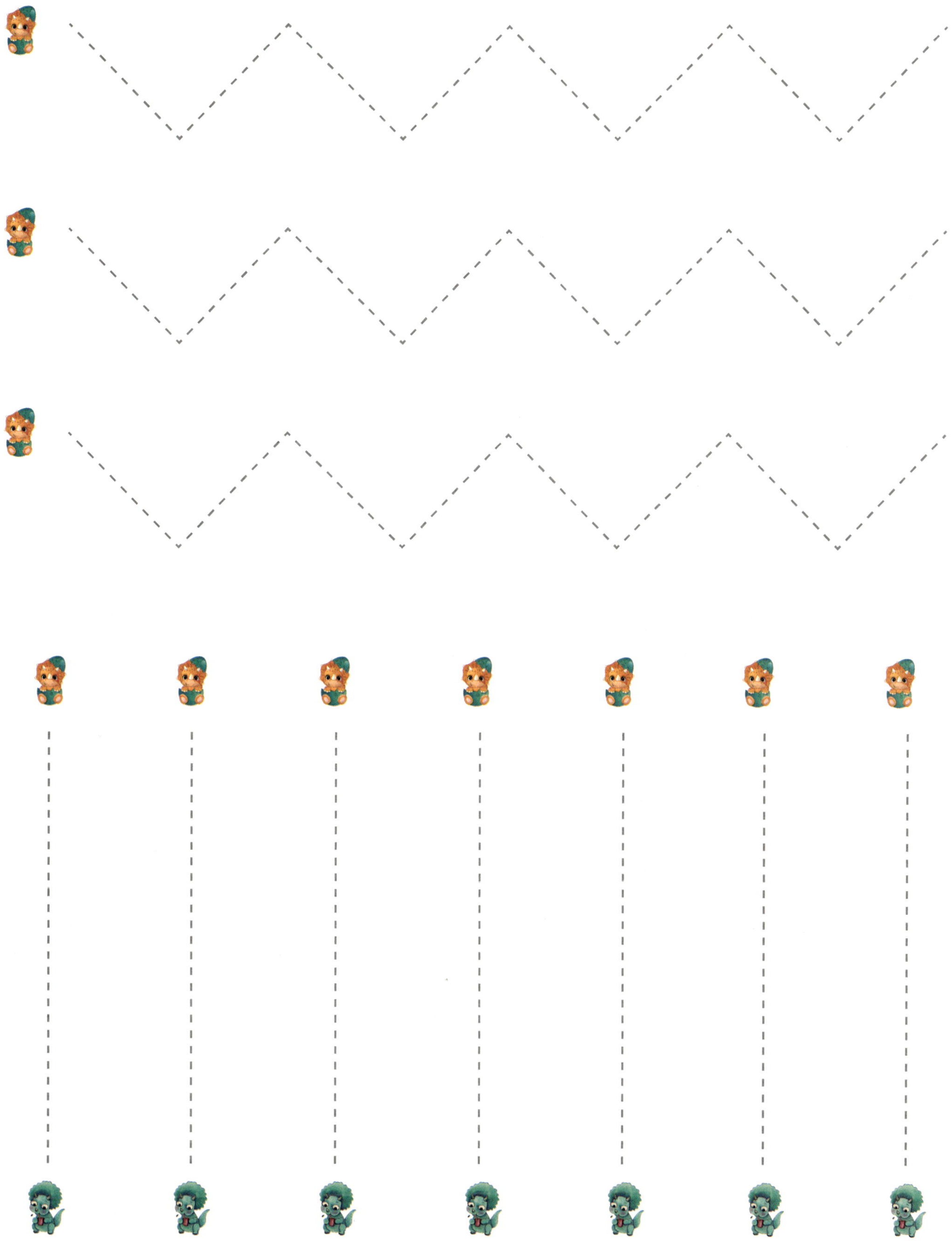

여러 가지 모양의 선을 따라서 그려 보세요.

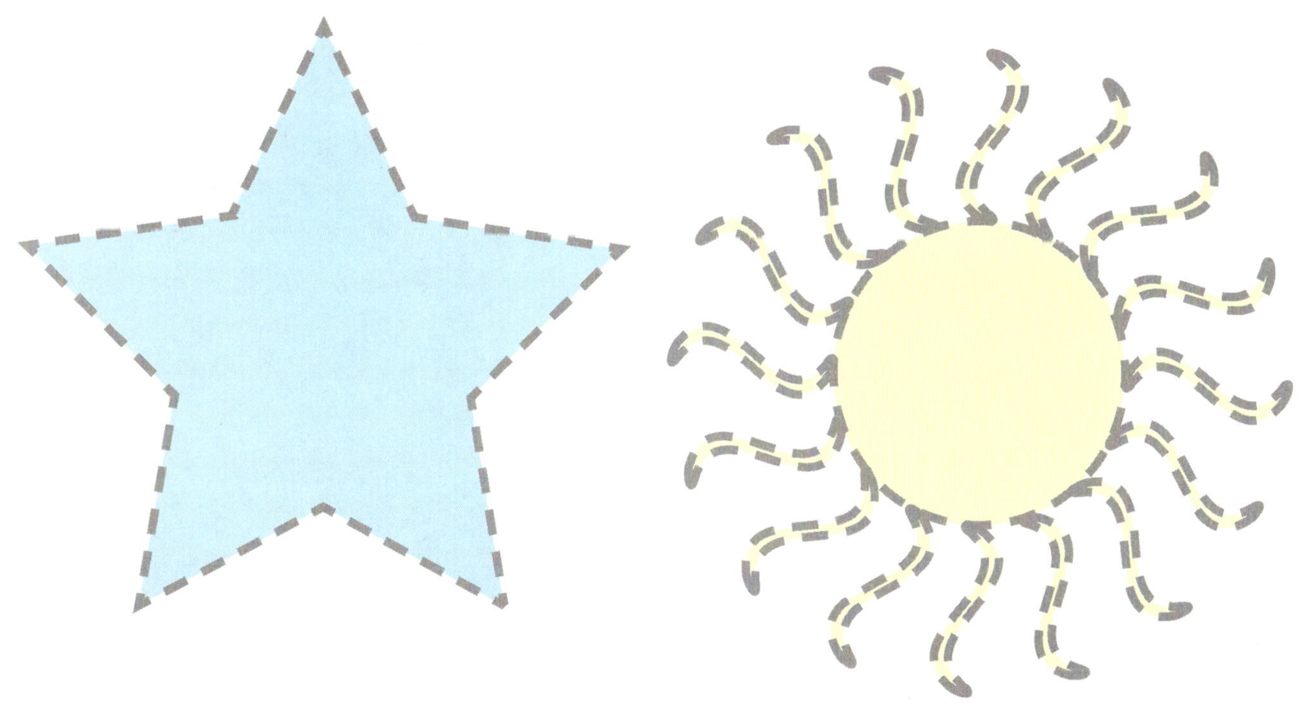

손 그리기

 왼손을 대고 그려 보세요.

 오른손을 대고 그려 보세요.

왼손과 오른손

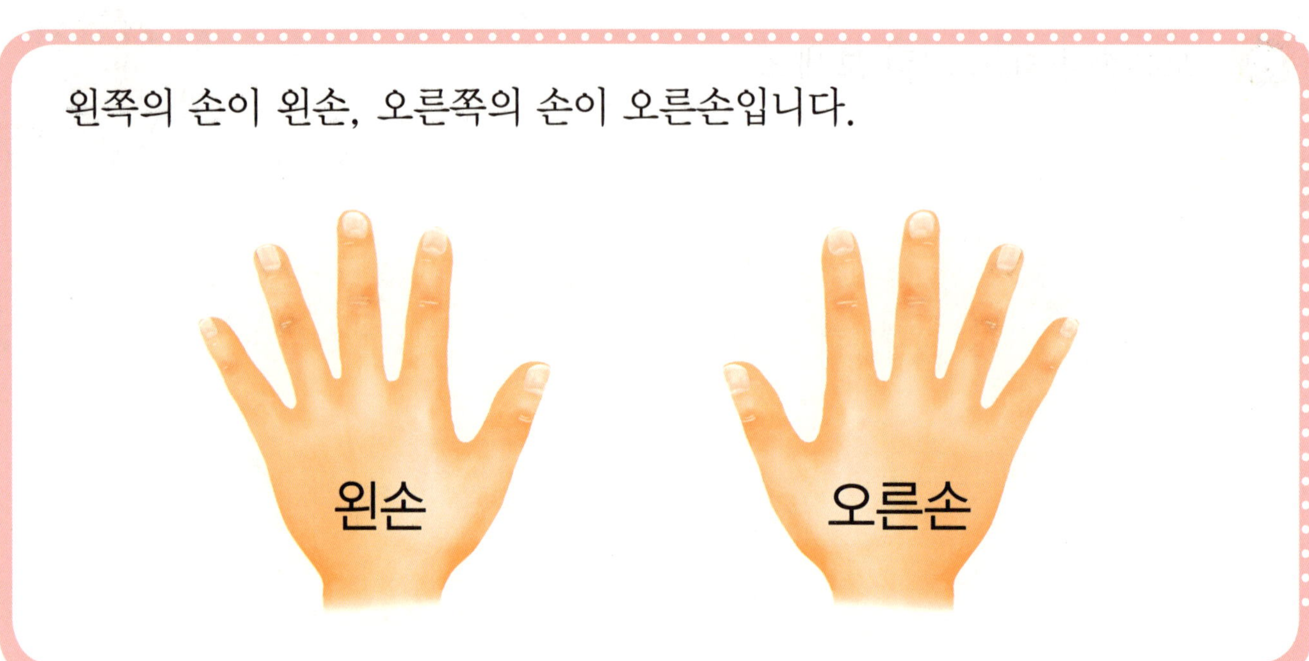

점선을 따라서 왼손과 오른손을 그리고 색칠해 보세요.

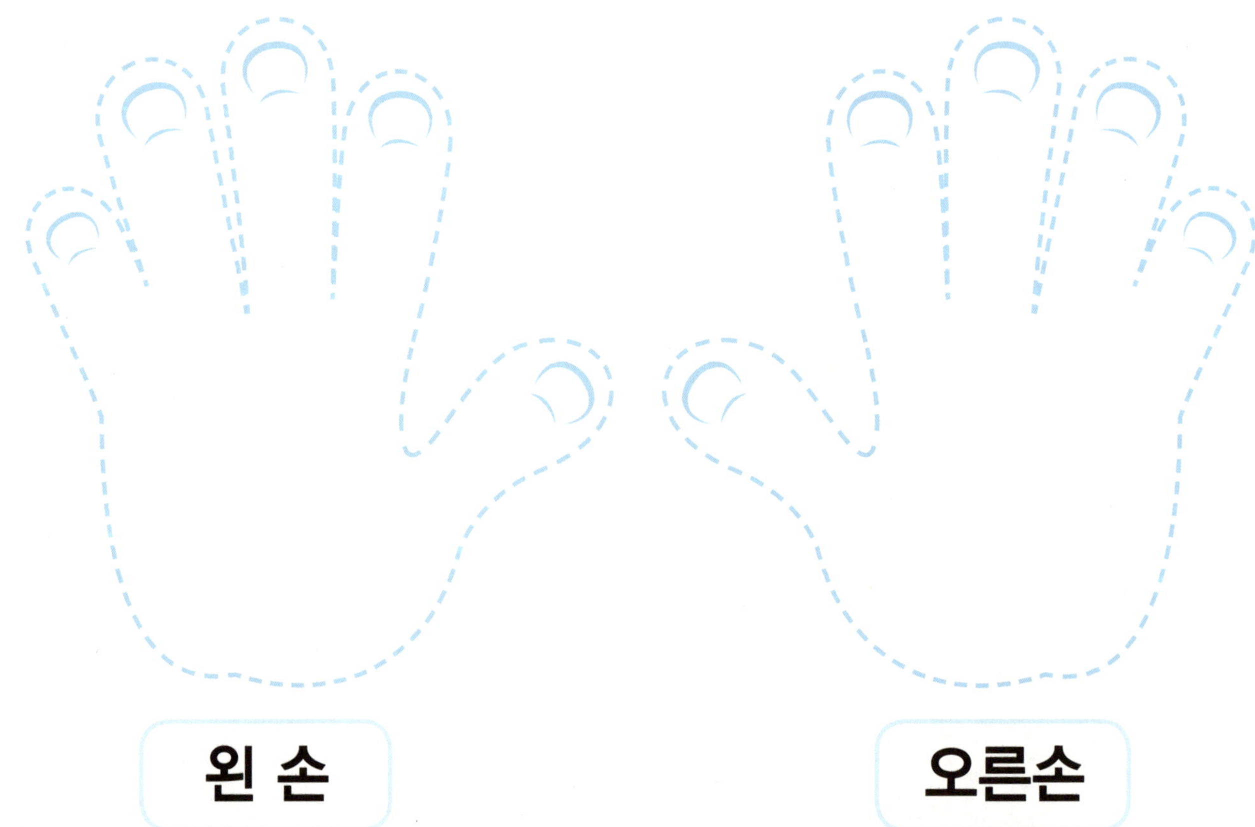

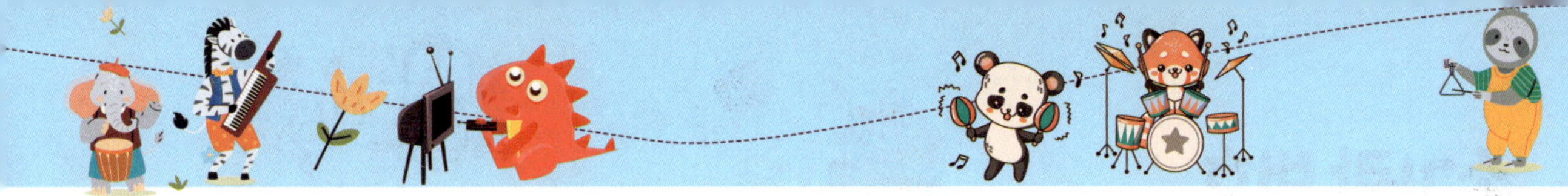

오른손을 찾아 ◯ 해 보세요.

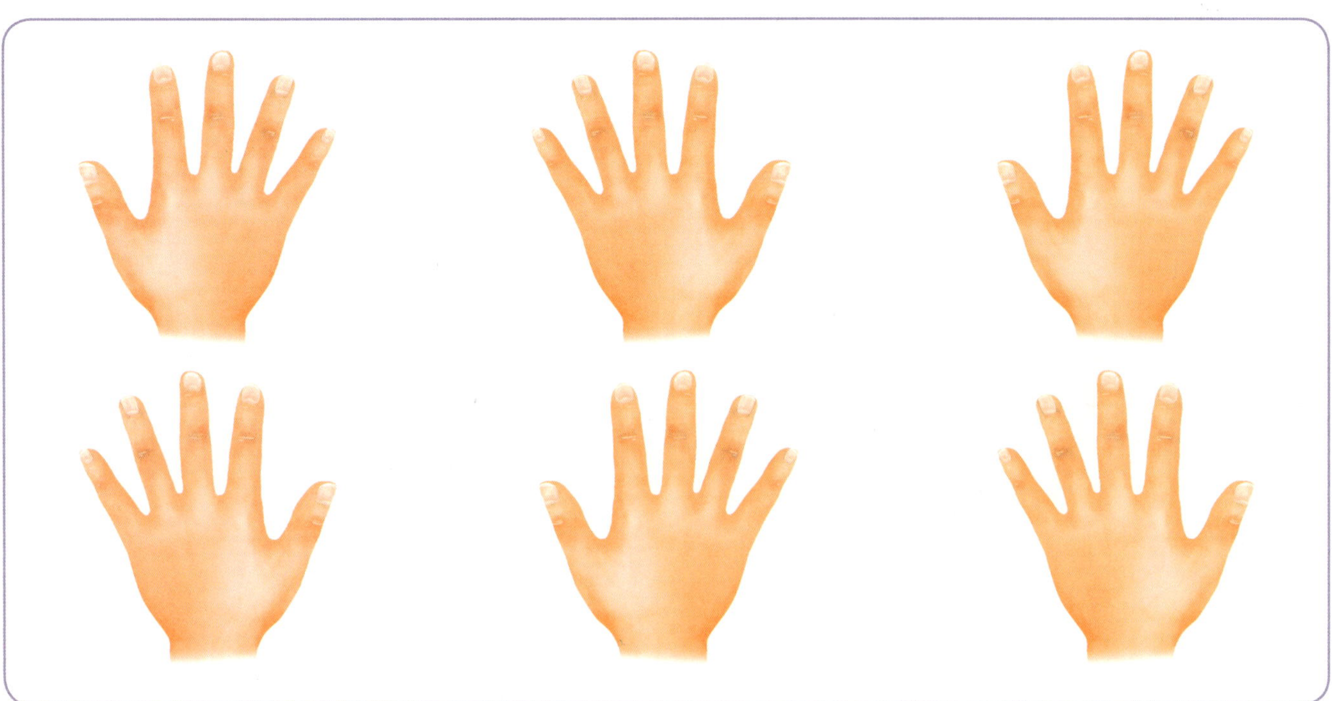

왼손을 찾아 ◯ 해 보세요.

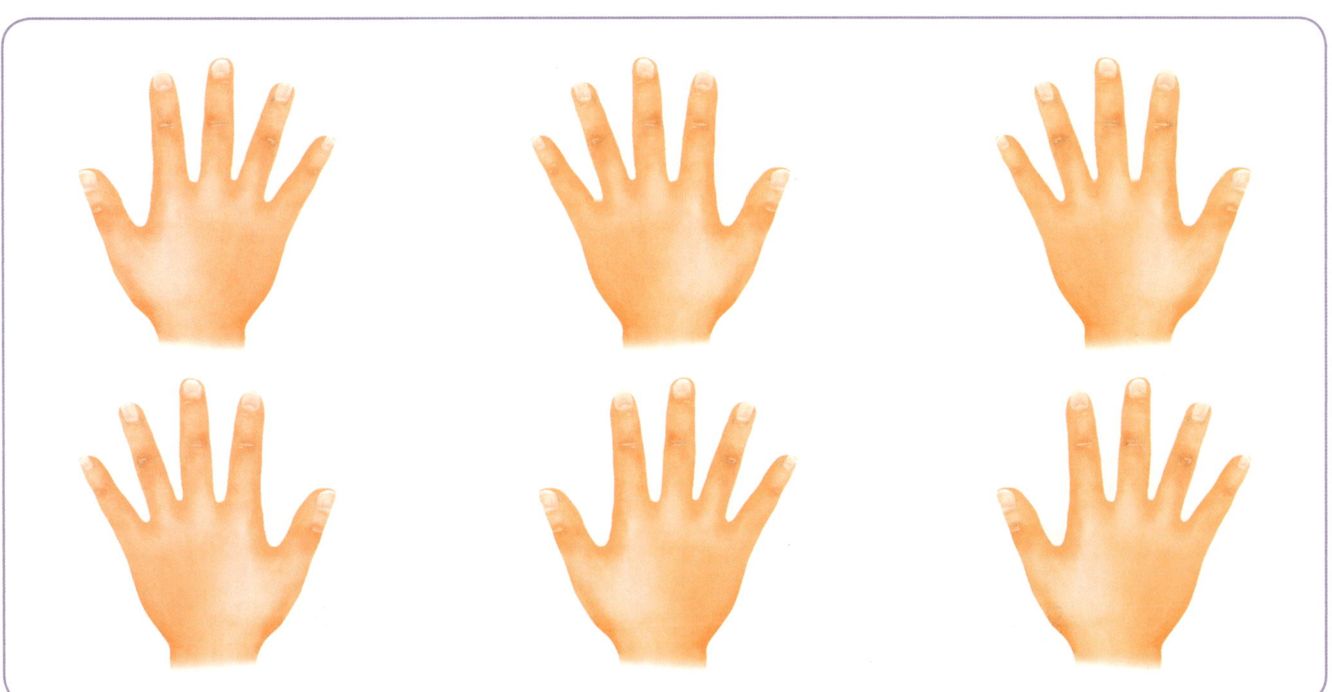

손가락 번호

피아노를 연주할 때는 손가락마다 번호가 있습니다.

손가락 번호를 따라서 써 보세요.

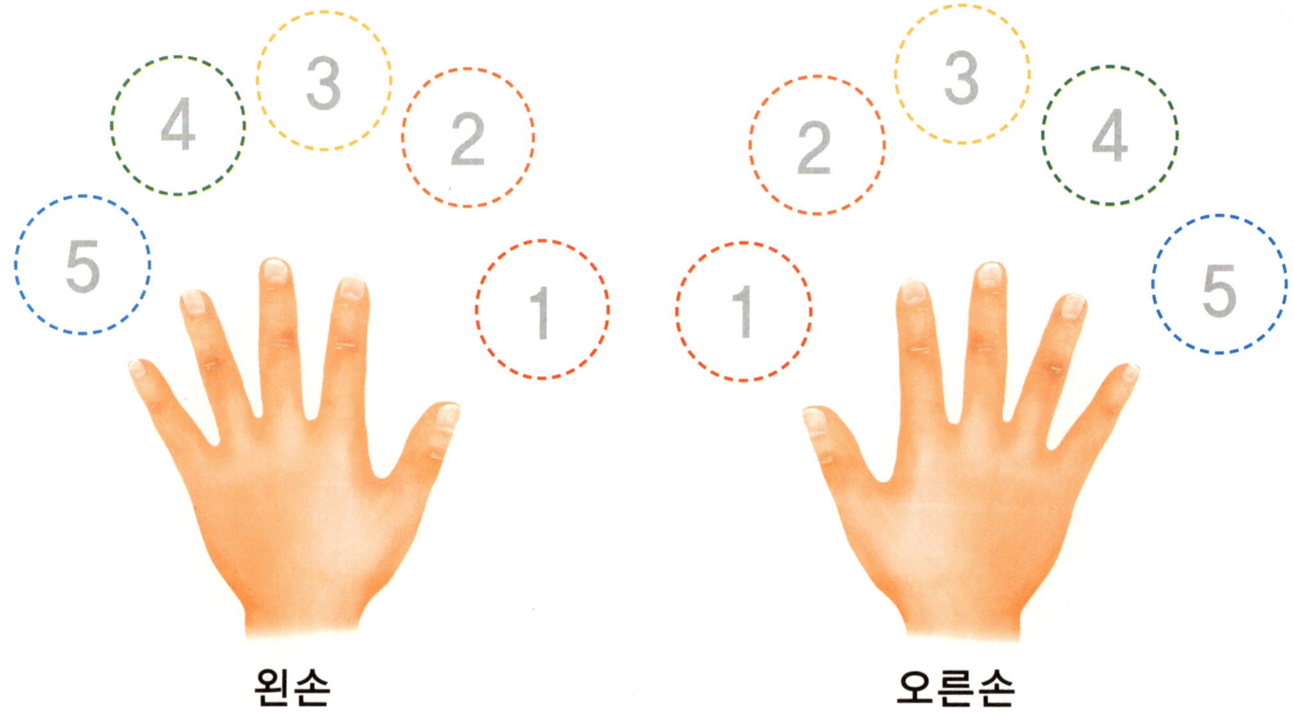

비어 있는 ◯ 안에 알맞은 번호를 써 보세요.

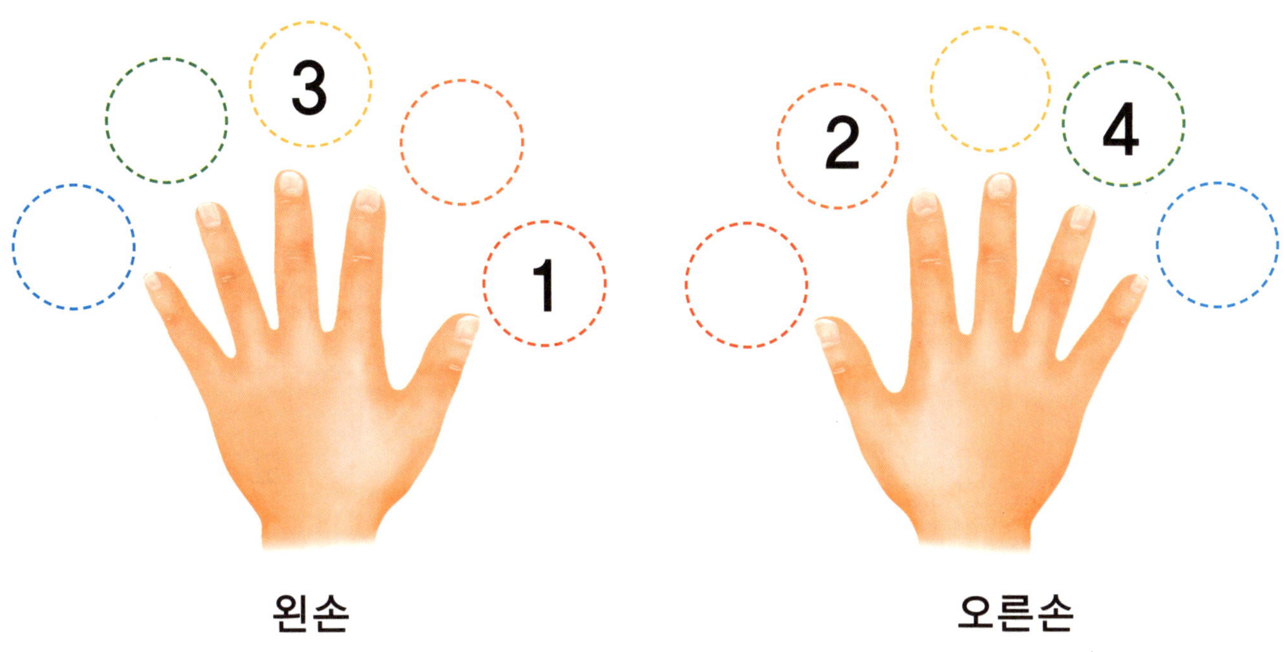

◯ 안에 알맞은 손가락 번호를 스스로 써 보세요.

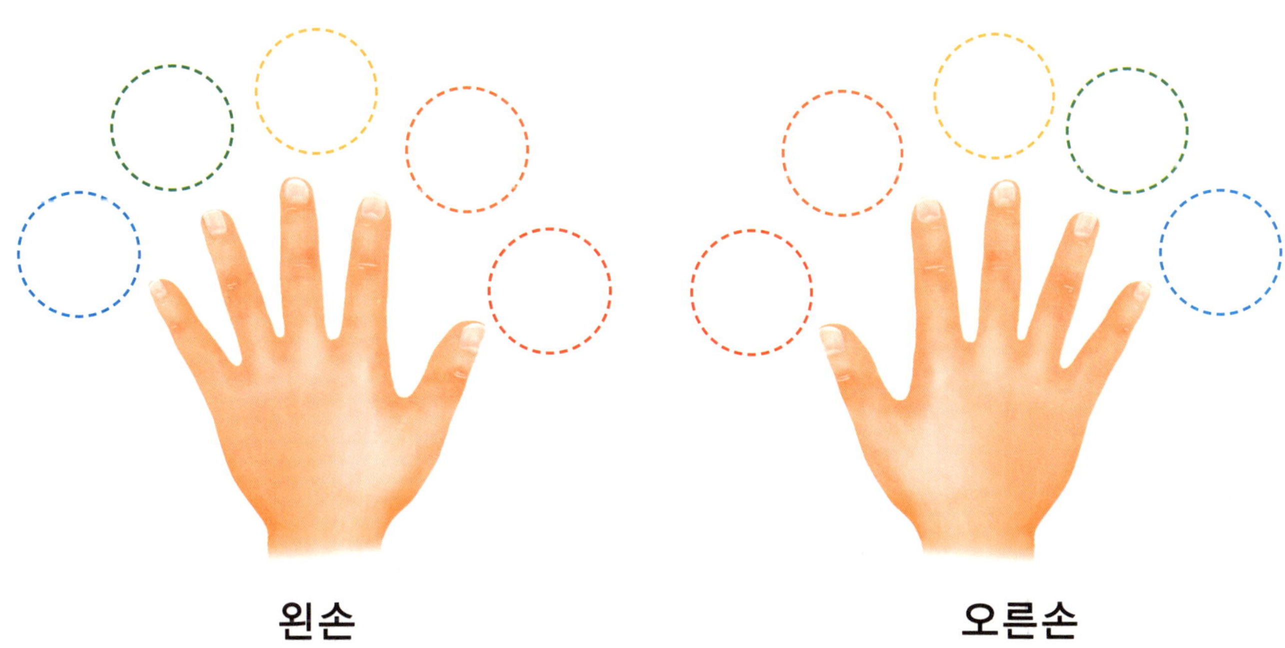

 표시된 손가락에 알맞는 손가락 번호를 써 보세요.

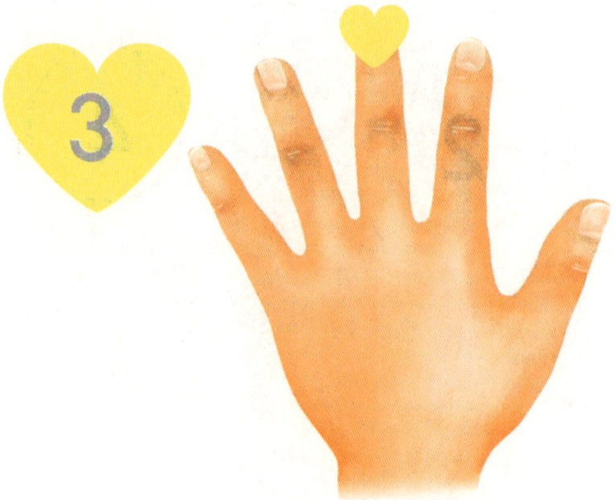

왼손

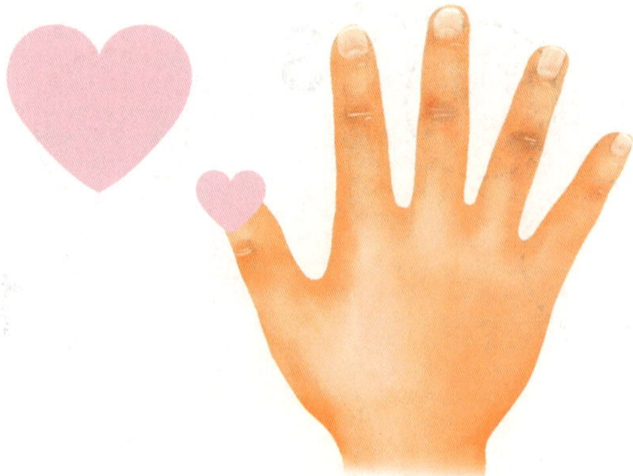

오른손

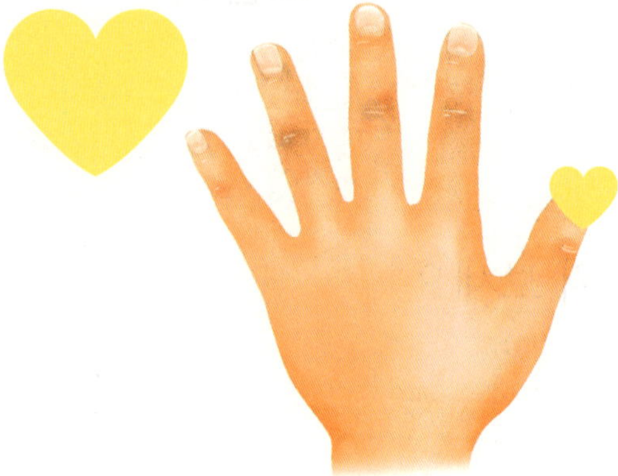

왼손

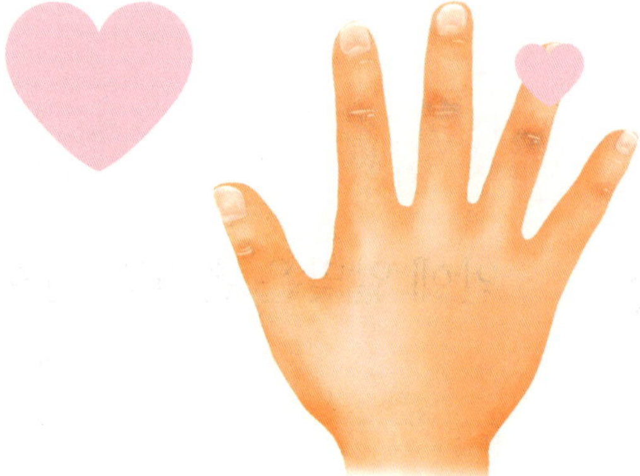

오른손

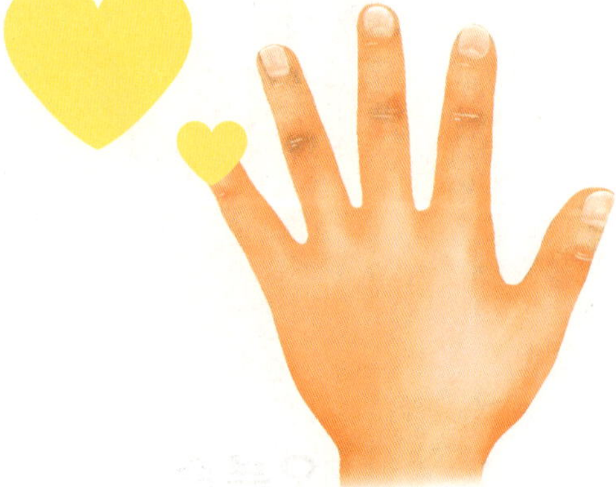

왼손

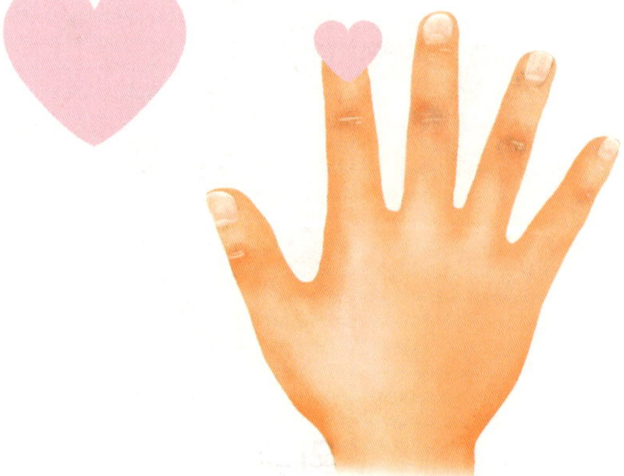

오른손

손가락 번호와 맞는 손가락을 줄로 이어 보세요.

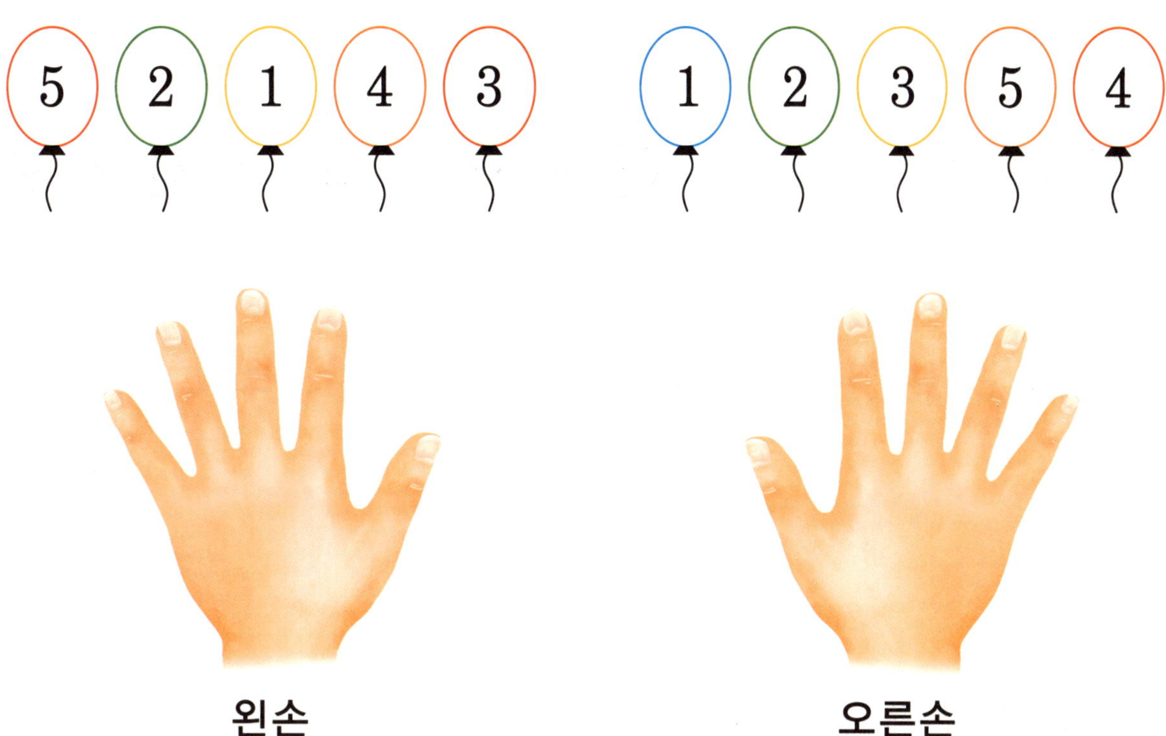
5 2 1 4 3
1 2 3 5 4
왼손
오른손

다섯 손가락에 번호 꽃반지 스티커를 맞게 붙여 보세요.

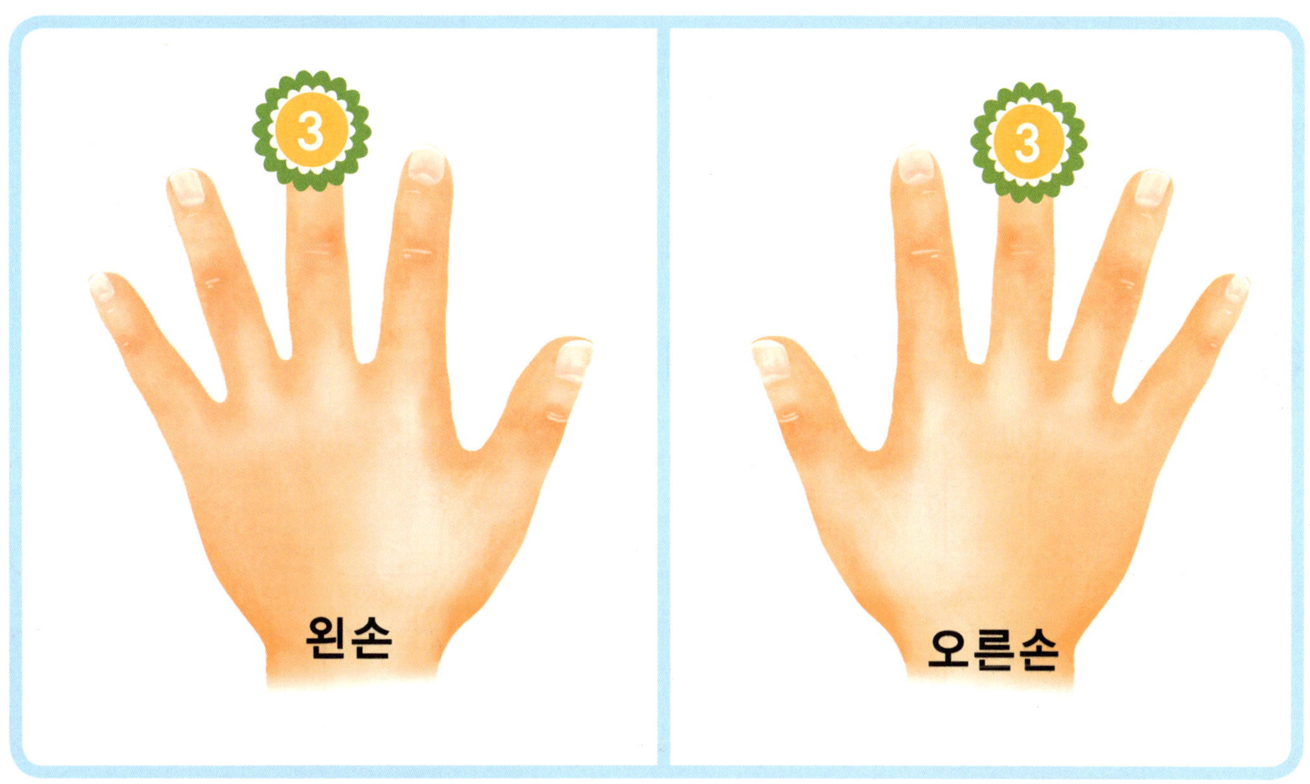
3
3
왼손
오른손

7개의 계이름

계이름은 '도'에서 '시'까지 7개가 있습니다.

도 → 레 → 미 → 파 → 솔 → 라 → 시 → 도

계이름은 '시' 다음에 다시 '도'가 됩니다.

계이름을 따라서 써 보세요.

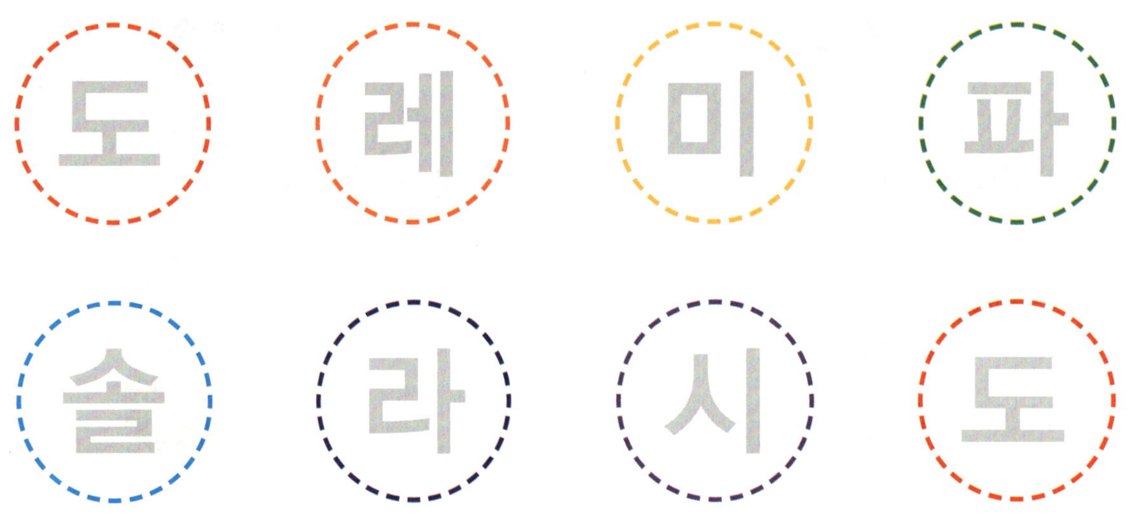

계이름을 차례대로 따라서 써 보세요.

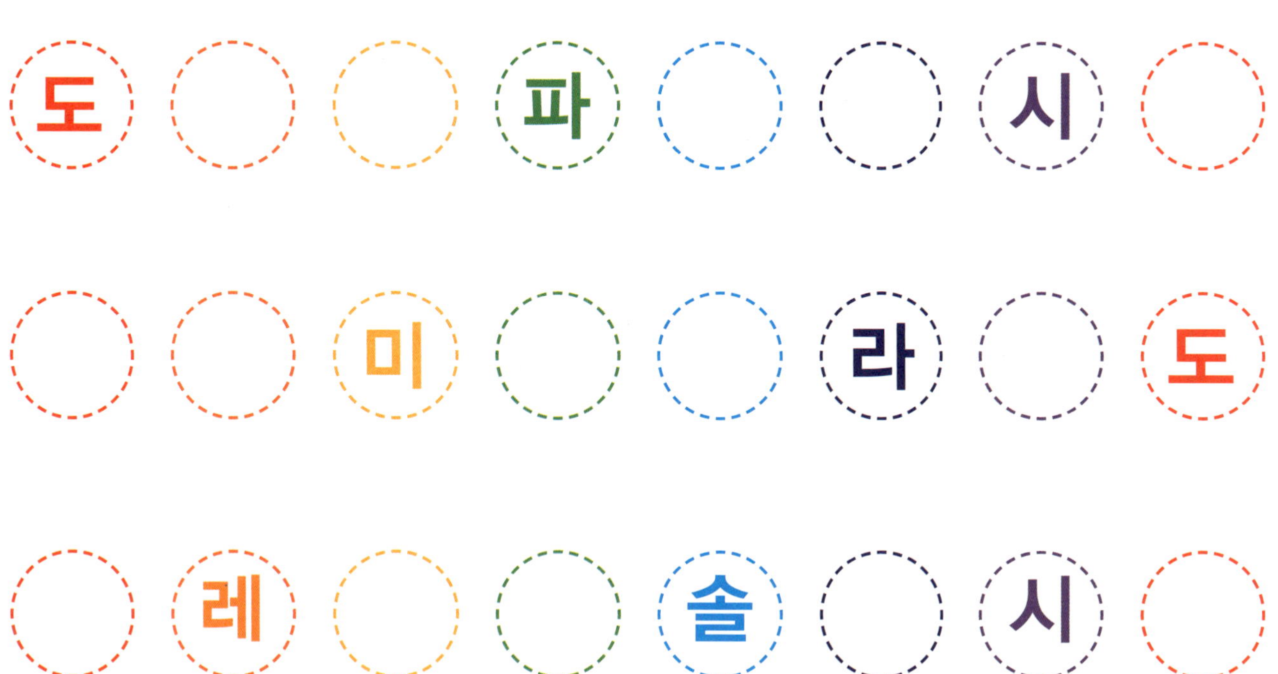
빈 칸에 알맞은 계이름을 써 보세요.

도　　　　파　　　시　

　　미　　　라　도

　레　　　솔　　시　

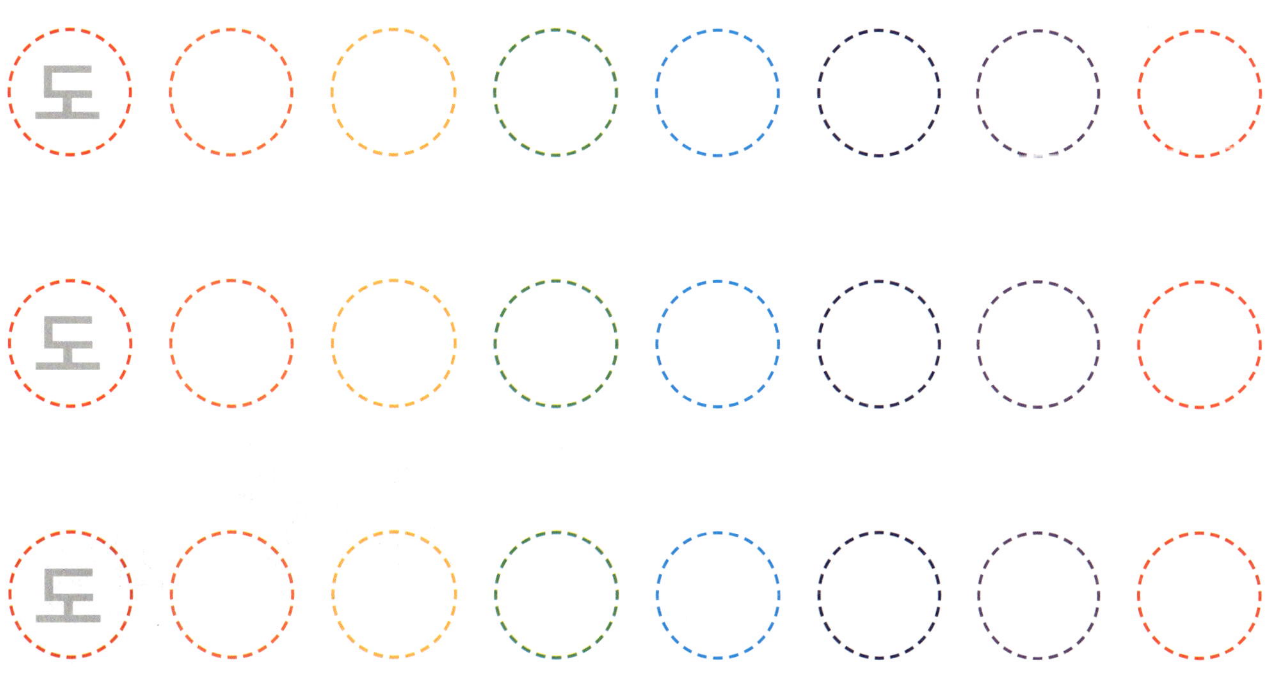
계이름을 차례대로 써 보세요.

도

도

도

올라가는 계이름

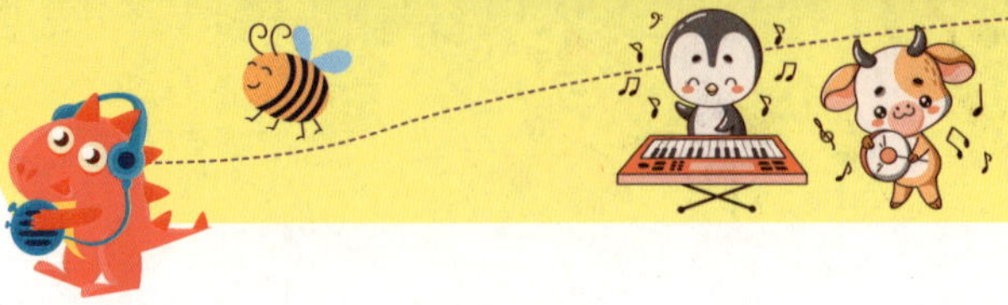

도 에서 시 까지 올라가면 다시
도 가 됩니다.

올라가는 계이름을 따라서 써 보세요.

내려가는 계이름

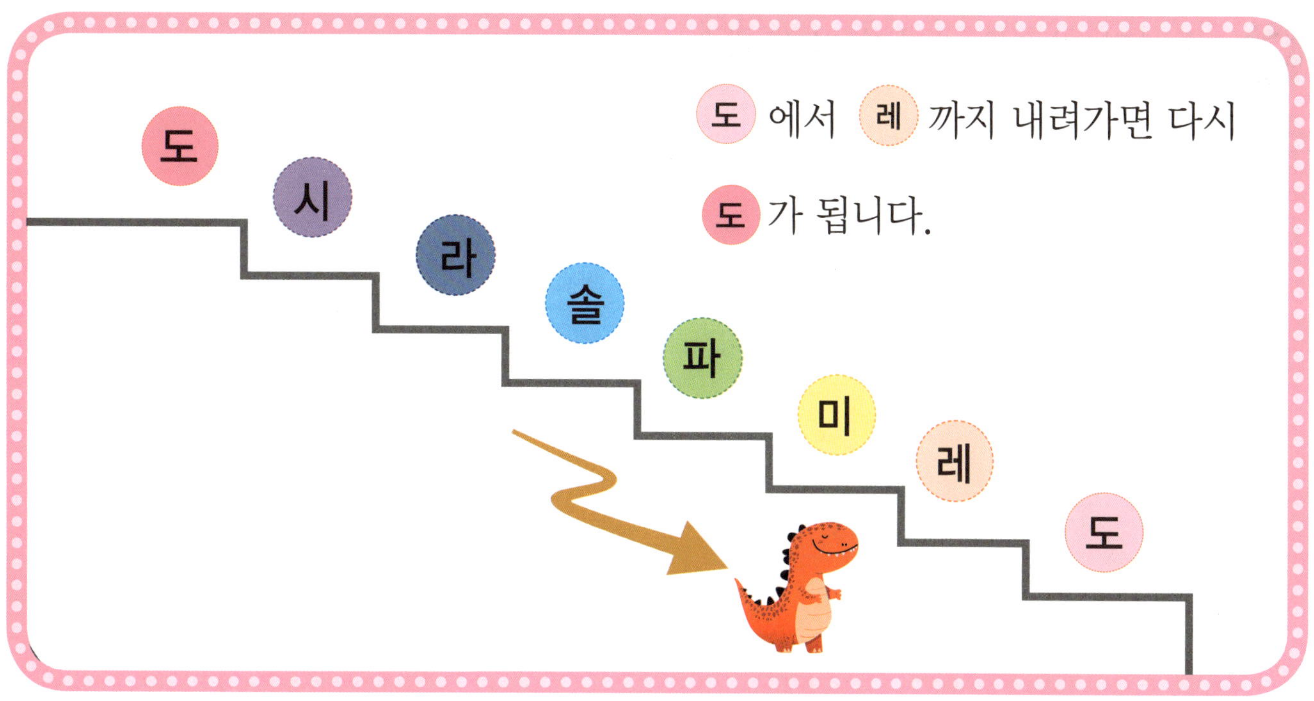

올라가는 계이름을 따라서 써 보세요.

손가락 번호를 따라서 써 보세요.

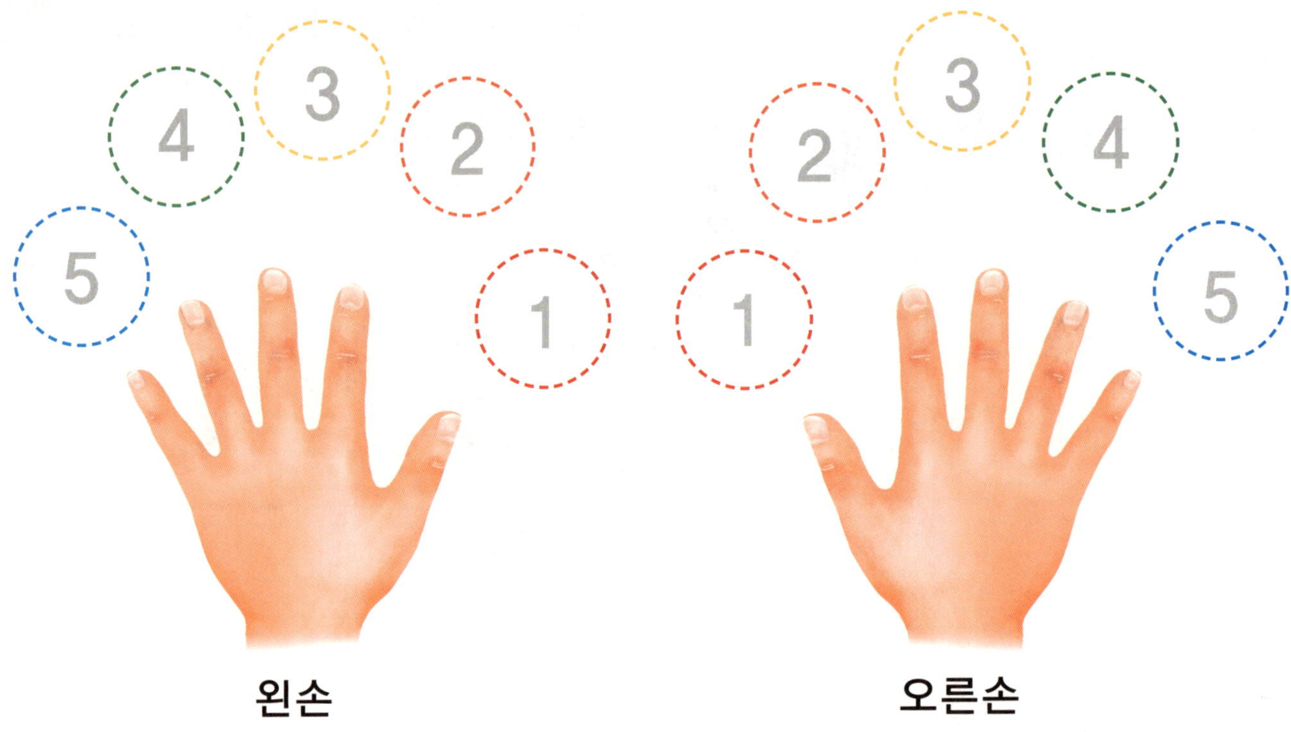

계이름을 차례대로 써 보세요.

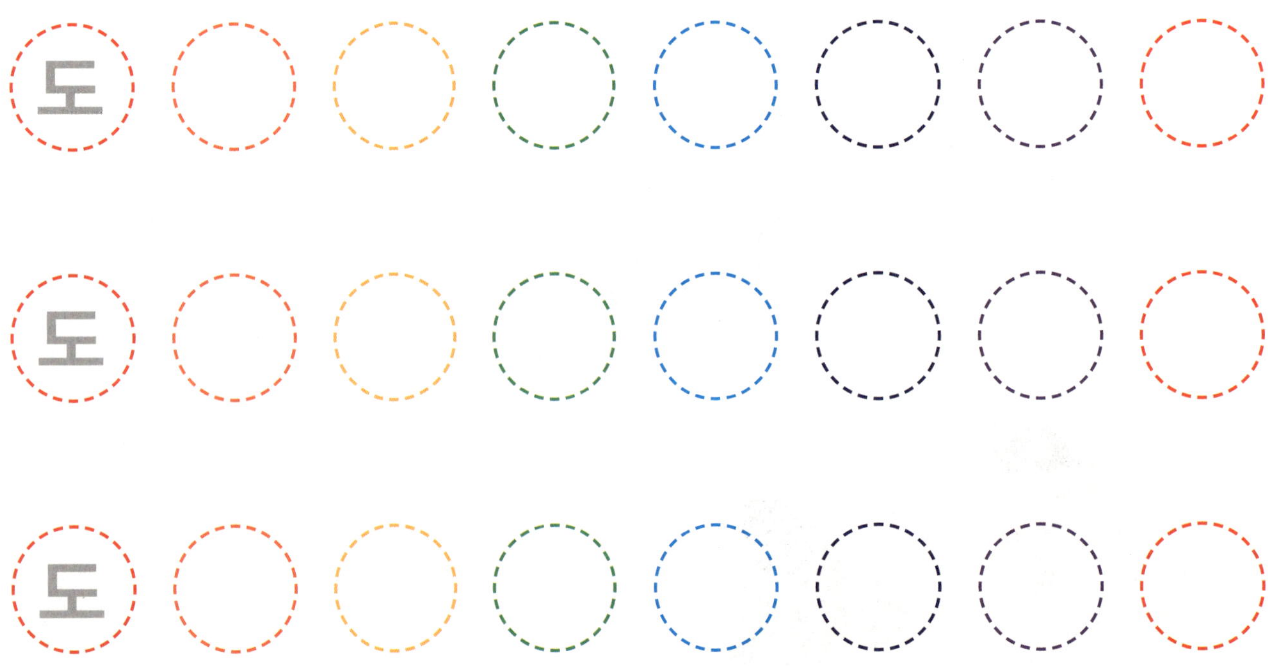

올라가는 계이름을 차례대로 써 보세요.

도
도

내려가는 계이름을 차례대로 써 보세요.

도
도

흰건반과 검은건반

피아노의 건반은 흰건반과 검은건반으로 되어 있습니다.
검은건반은 2개와 3개씩 차례대로 짝지어져 있습니다.

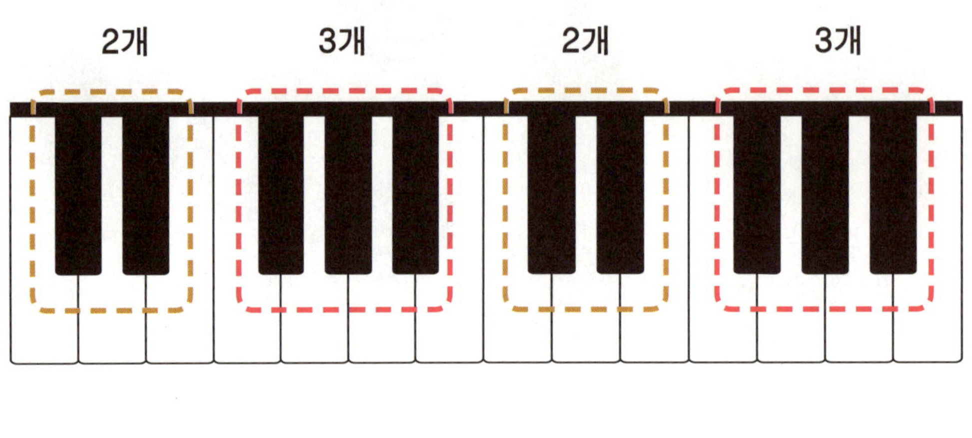

 검은건반을 색칠해 보세요.

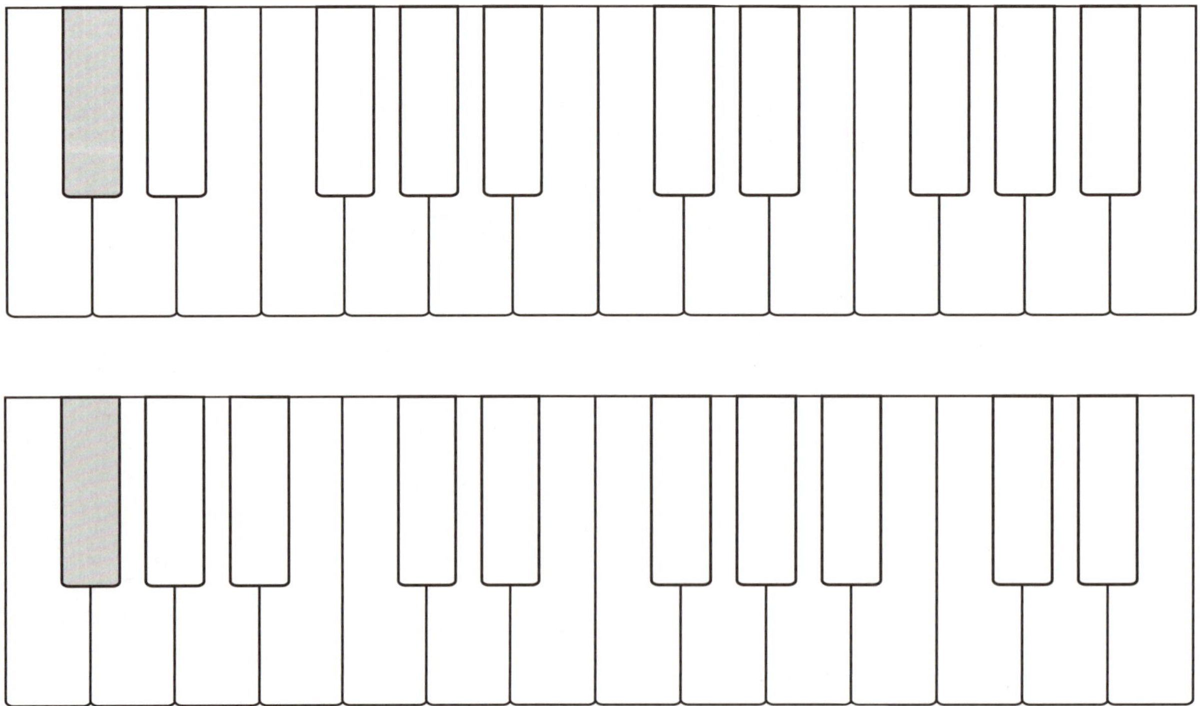

 2개씩 모여있는 검은건반은 ◯ , 3개씩 모여있는 검은건반은 △ 로
표시해 보세요

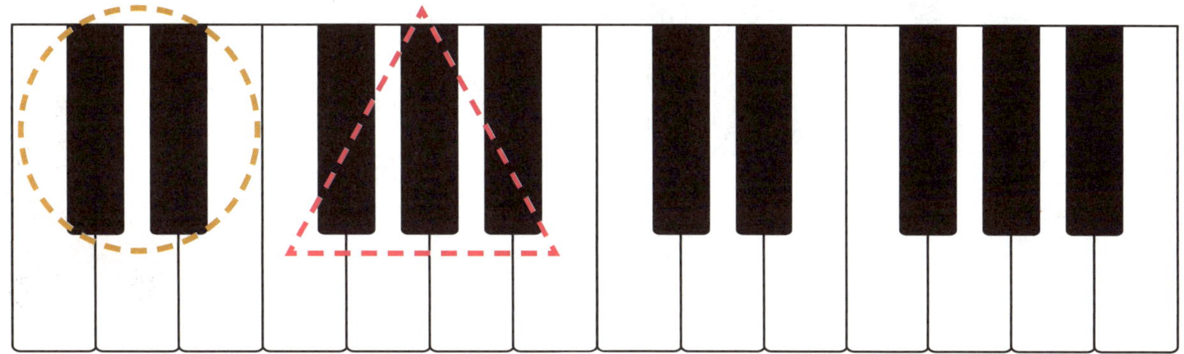

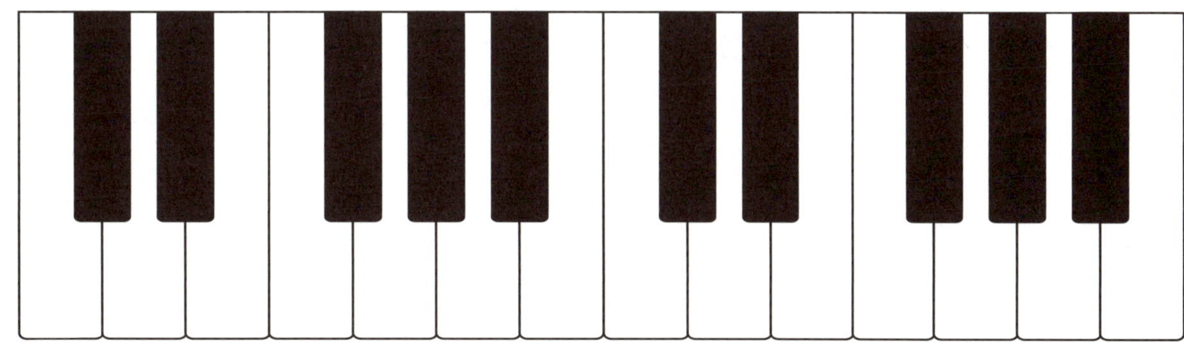

◯ 안에 검은건반이 몇 개인지 써 보세요.

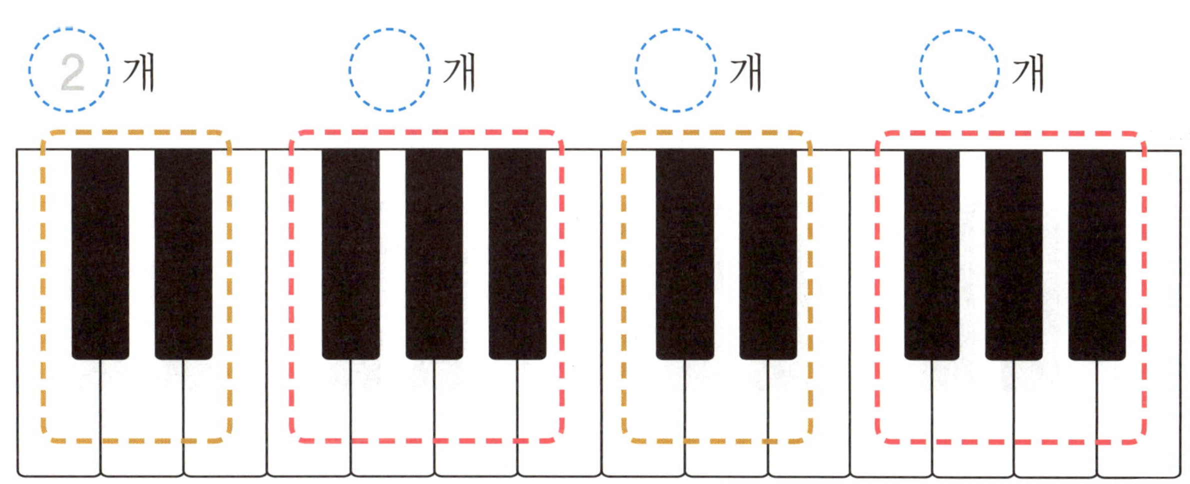

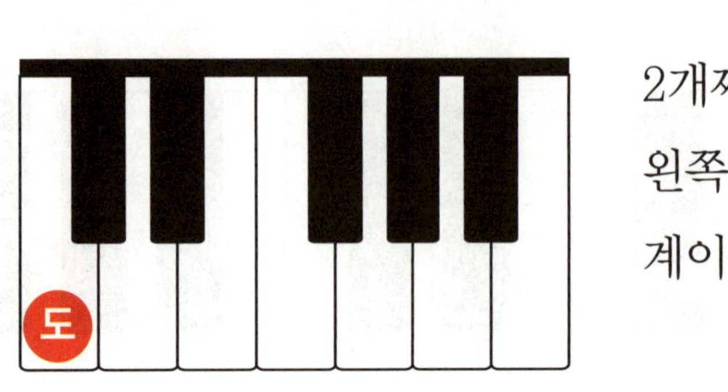

 '도' 자로 시작하는 낱말을 따라서 써 보세요.

도	토	리

도	너	츠

도	토	리

도	너	츠

'도' 건반에 계이름 '도'를 따라서 써 보세요.

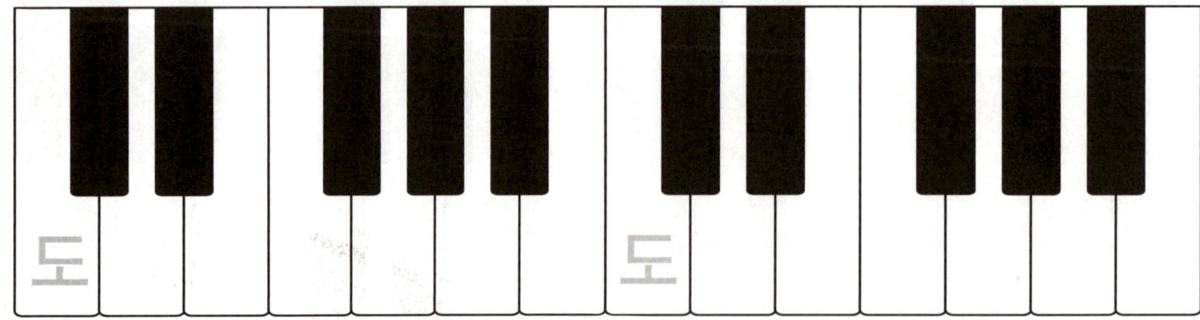

'도' 건반을 모두 찾아서 색으로 예쁘게 칠해 보세요.

'도' 건반에 계이름 '도'를 써 보세요.

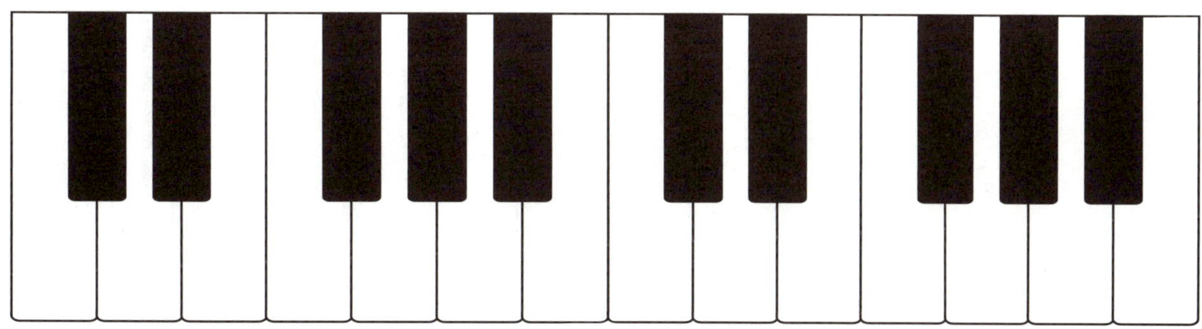

'도' 건반을 모두 찾아서 도 스티커를 붙여 보세요.

흰건반 '레'

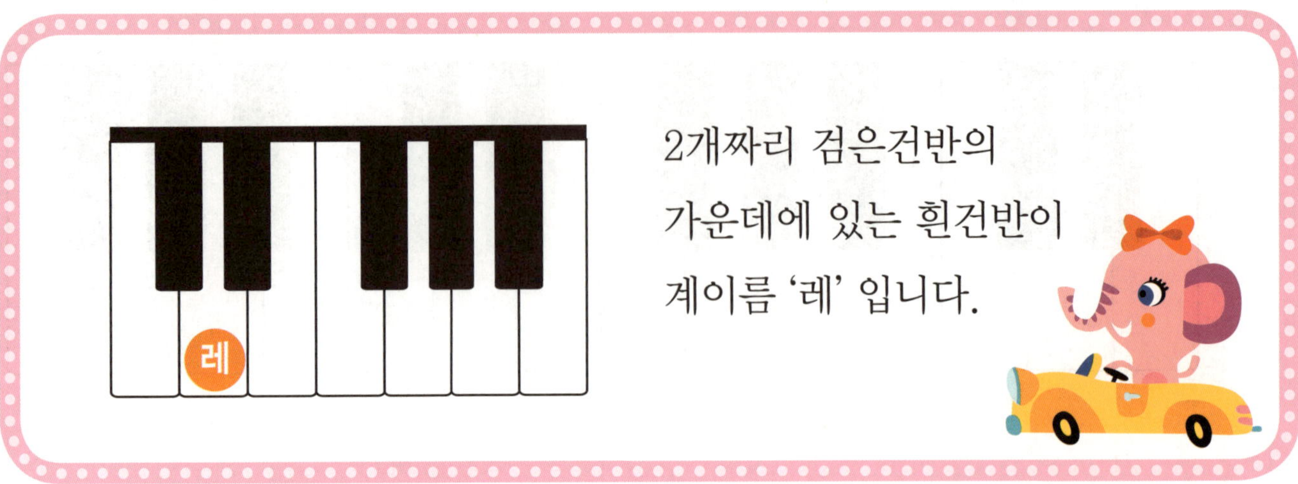

'레' 자로 시작하는 낱말을 따라서 써 보세요.

레	몬

레	이	더

레	몬

레	이	더

'레' 건반에 계이름 '레'를 따라서 써 보세요.

 '레' 자리 건반을 모두 찾아서  색으로 예쁘게 칠해 보세요.

'레' 건반에 계이름 '레'를 써 보세요.

'레' 건반을 모두 찾아서 레 스티커를 붙여 보세요.

흰건반 '미'

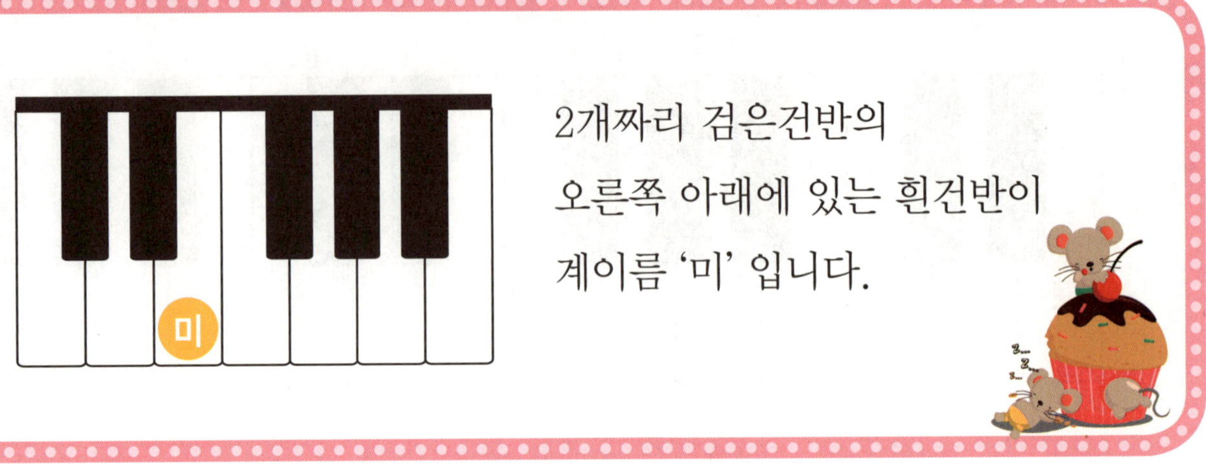

2개짜리 검은건반의
오른쪽 아래에 있는 흰건반이
계이름 '미' 입니다.

'미' 자로 시작하는 낱말을 따라서 써 보세요.

'미' 자리 건반에 계이름 '미'를 따라서 써 보세요.

 '미' 건반을 모두 찾아서 색으로 예쁘게 칠해 보세요.

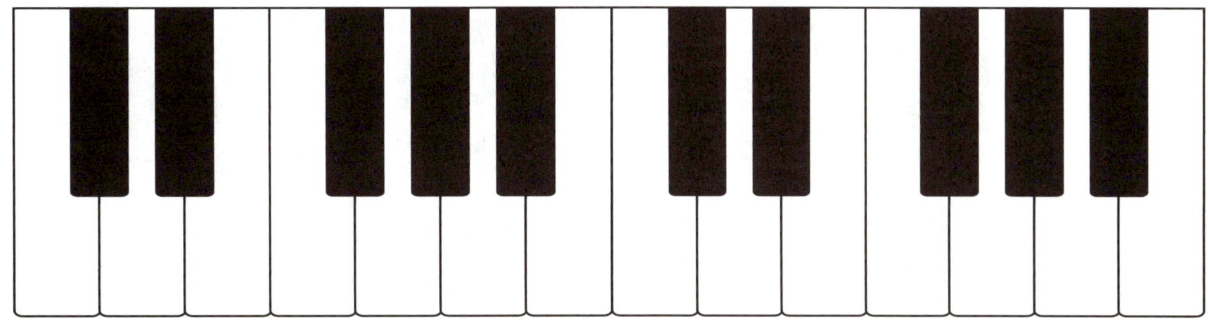

'미' 건반에 계이름 '미'를 써 보세요.

'미' 건반을 모두 찾아서 미 스티커를 붙여 보세요.

안에 알맞은 계이름을 써 보세요.

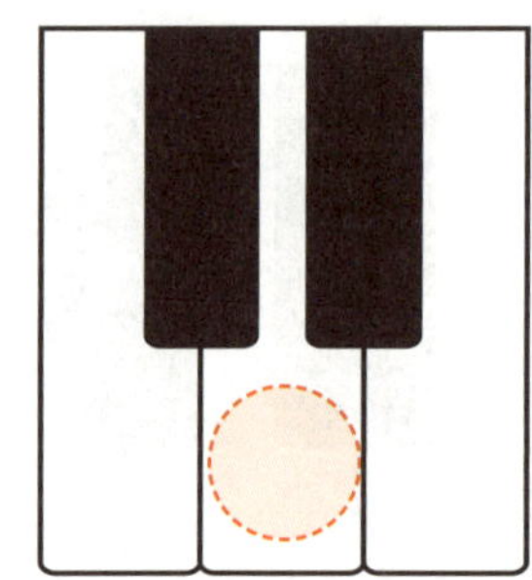

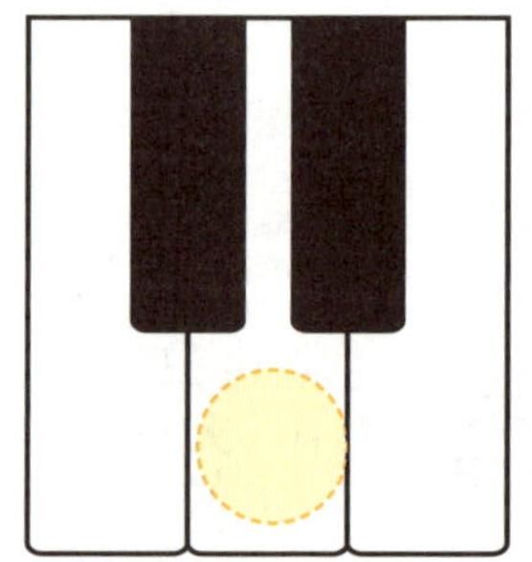

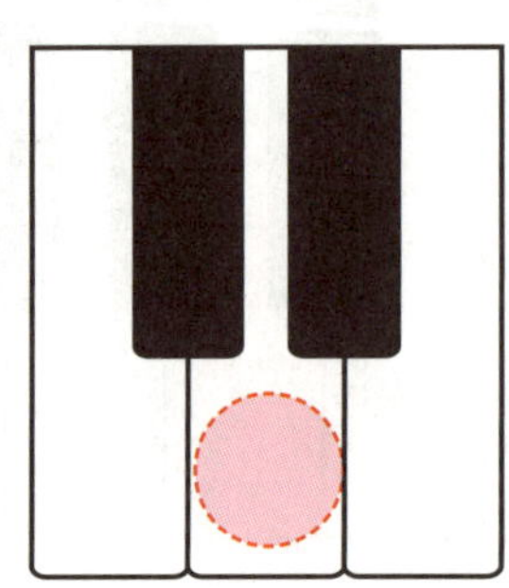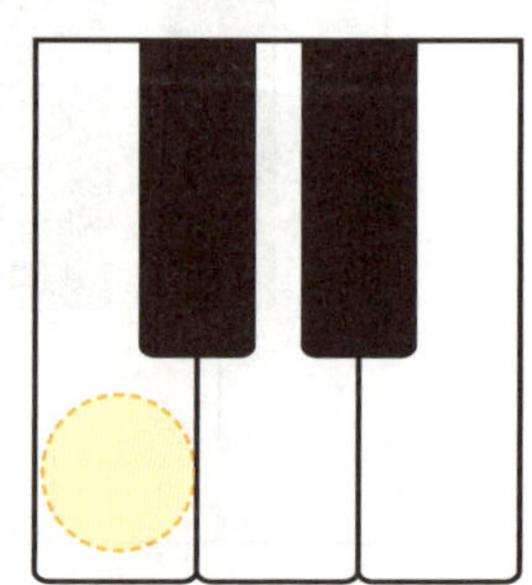

'도, 레, 미' 건반에 맞도록 계이름을 써 보세요.

색칠한 건반과 맞는 풍선을 줄로 이어 보세요.

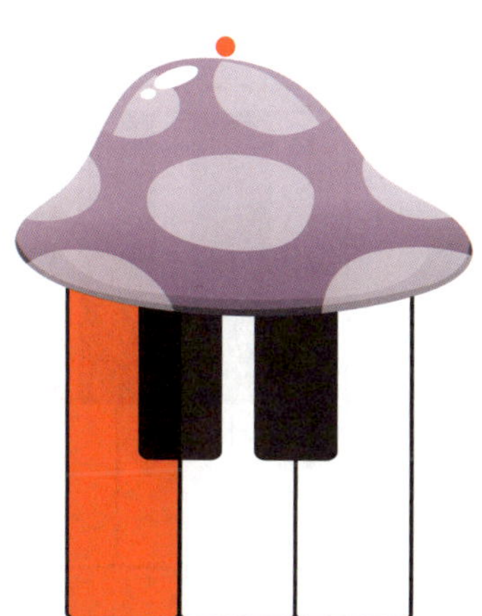

배운것 기억하기 2

검은건반을 색칠해 보세요.

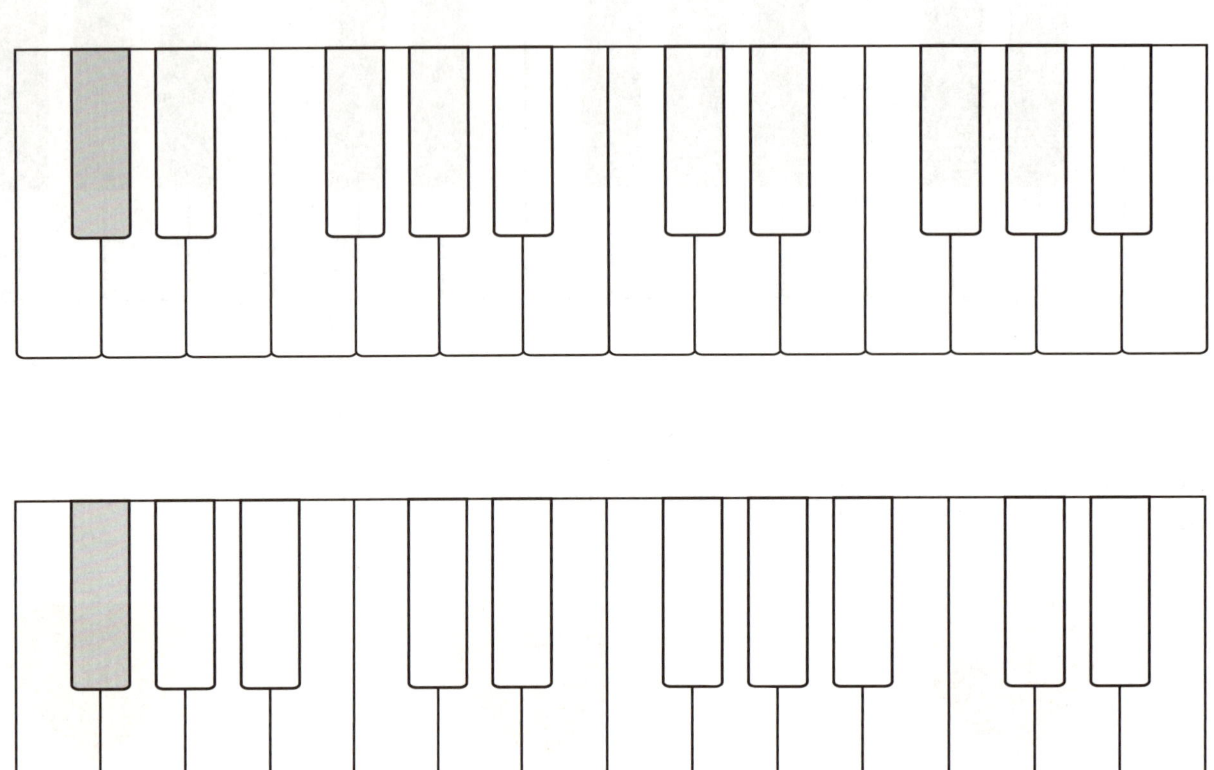

○ 안에 검은건반이 몇 개인지 써 보세요.

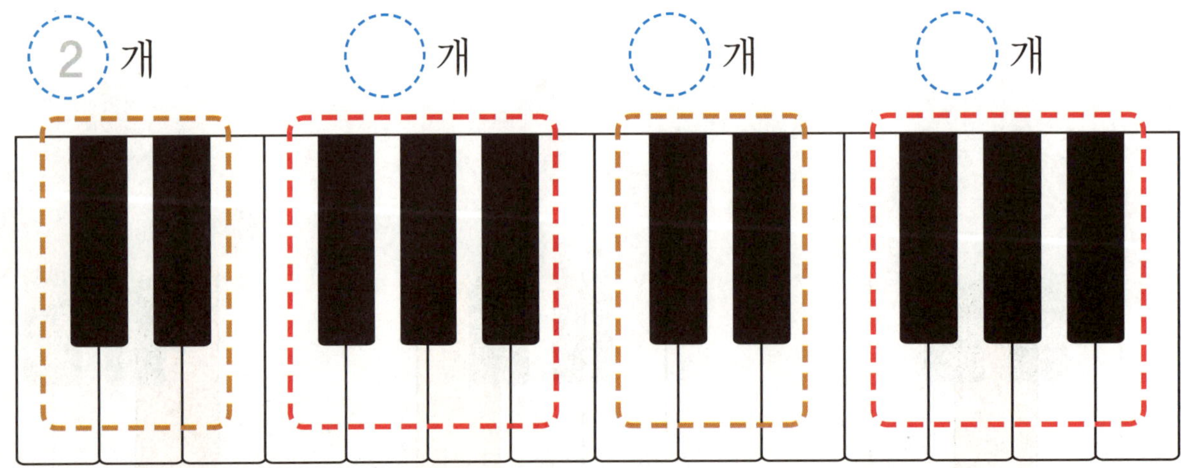

 ● 안에 알맞은 계이름을 써 보세요.

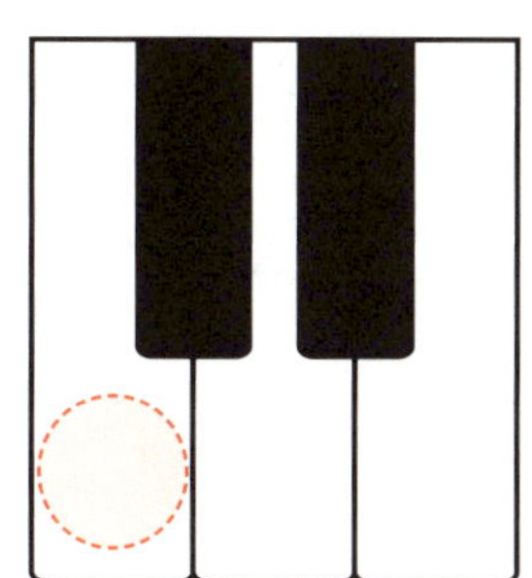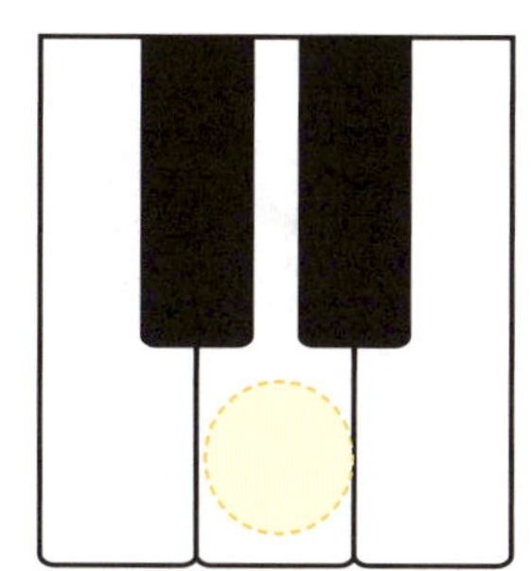

색칠한 건반과 맞는 풍선을 줄로 이어 보세요.

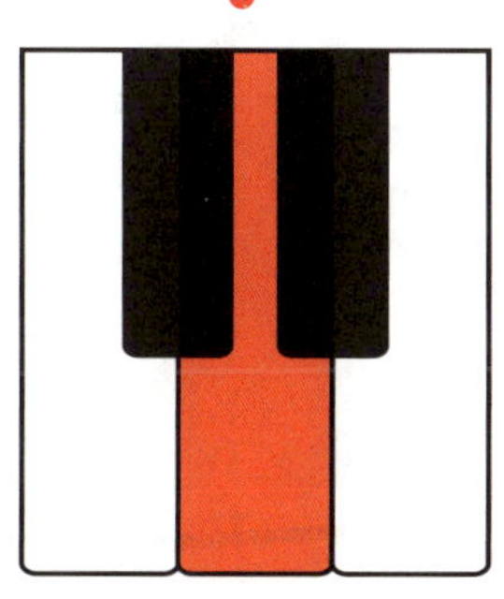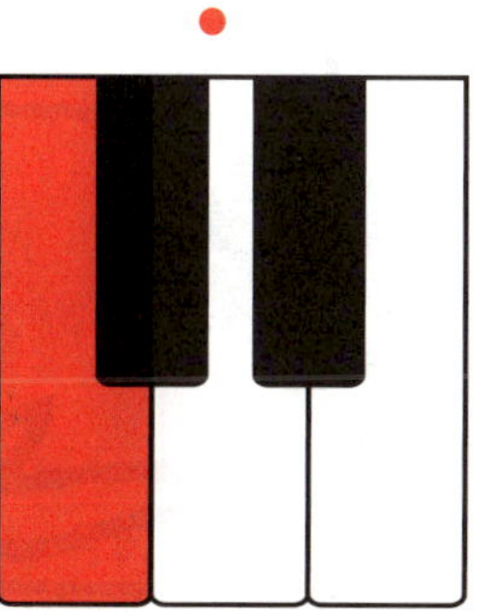

좋아하는 색으로 공룡을 색칠해 보세요.

위 아래 그림을 비교해서 다른 곳 5군데를 찾아보세요.

4분음표

음표는 음의 길이를 나타냅니다.
기둥
머리
이름
4분음표
그리는 순서
머리
기둥

4분음표를 그려 보세요.

4분음표 이름을 따라서 써 보세요.
4 분 음 표
4 분 음 표

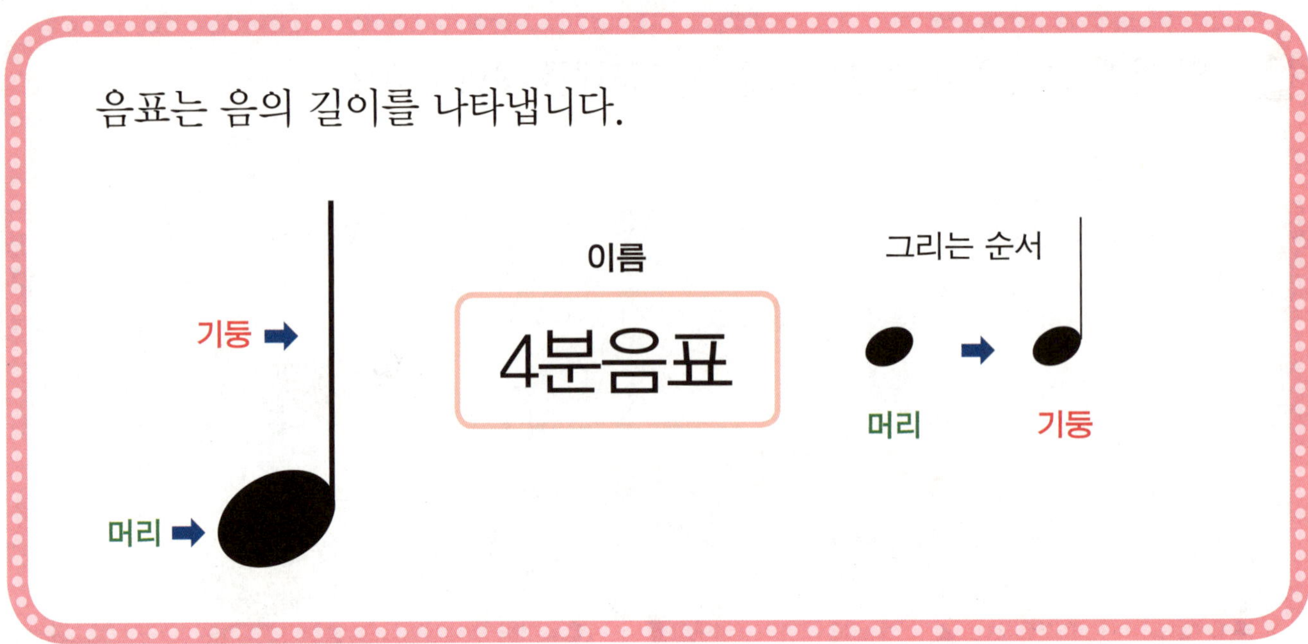

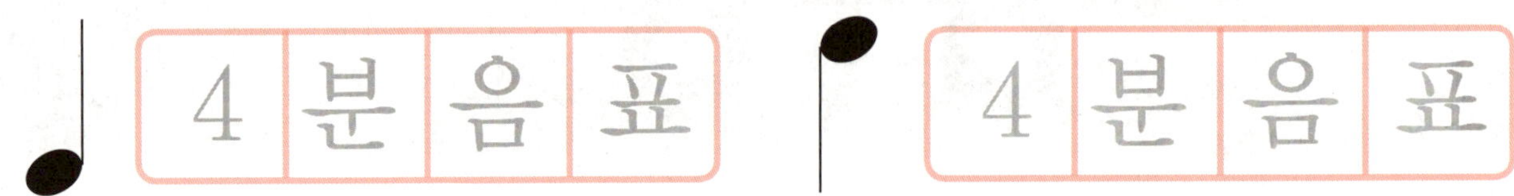

4분음표는 1박입니다.

이름	박 수	길이
4분음표	1박	

하나

따라서 쓰고, 길이에 맞게 🍎 에 색칠해 보세요.

	4분음표	1박	

4분음표 길이에 맞게 🍎와 ❤ 스티커를 붙여 보세요.

♩ = 🍎 🍎 🍎 🍎   ♪ = ♡ ♡ ♡ ♡

4분음표 길이에 맞게 색칠해 보세요.

2분음표

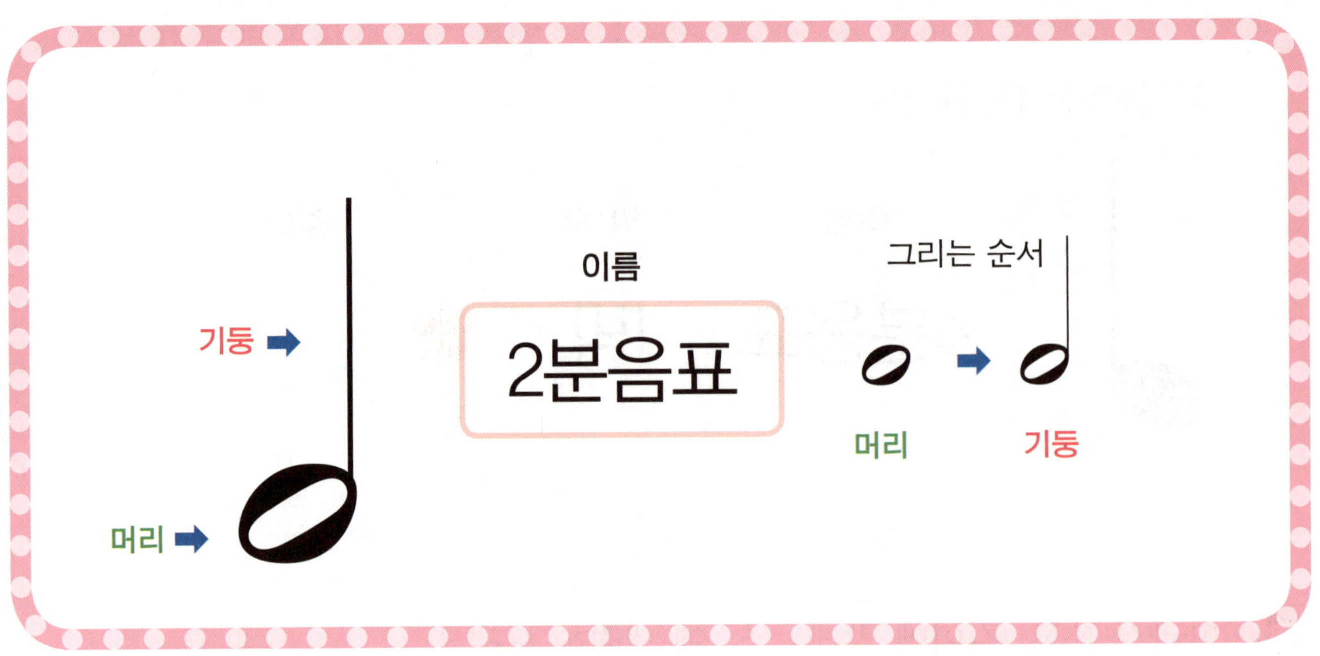

2분음표를 그려 보세요.

2분음표 이름을 따라서 써 보세요.

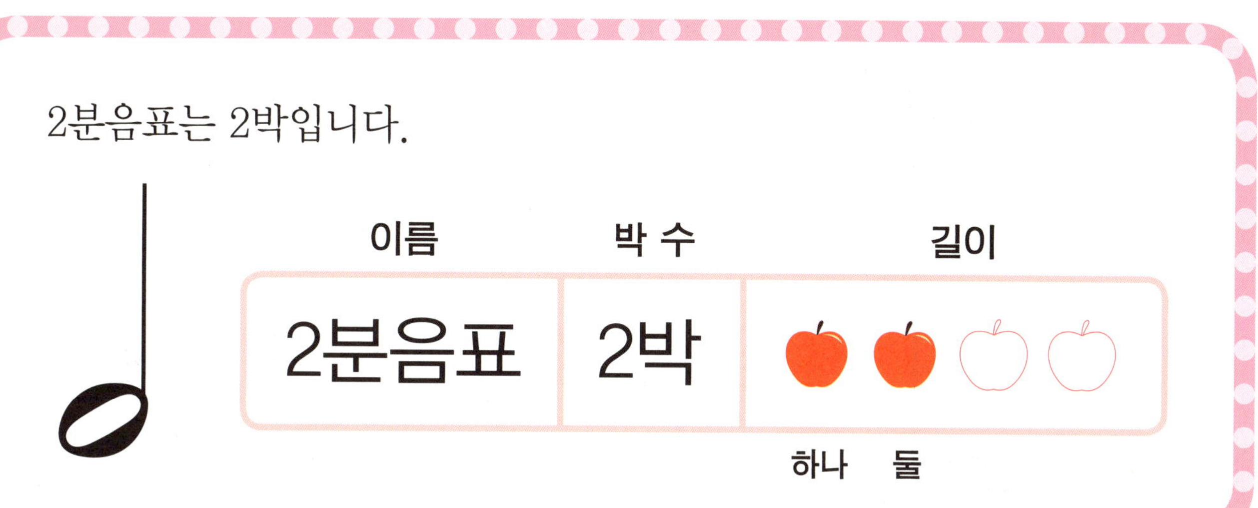

따라서 쓰고, 길이에 맞게 🍎 에 색칠해 보세요.

2분음표 길이에 맞게 🍎와 ❤️스티커를 붙여 보세요.

2분음표 길이에 맞게 색칠해 보세요.

점2분음표

점2분음표를 그려 보세요.

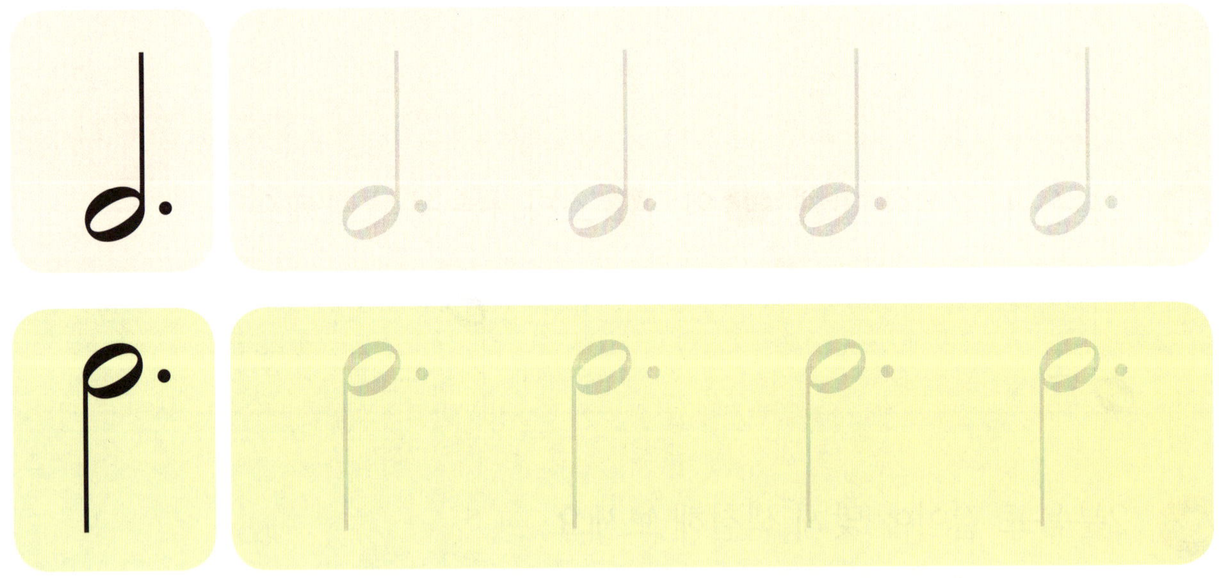

점2분음표 이름을 따라서 써 보세요.

점2분음표는 3박입니다.

따라서 쓰고, 길이에 맞게 🍎 에 색칠해 보세요.

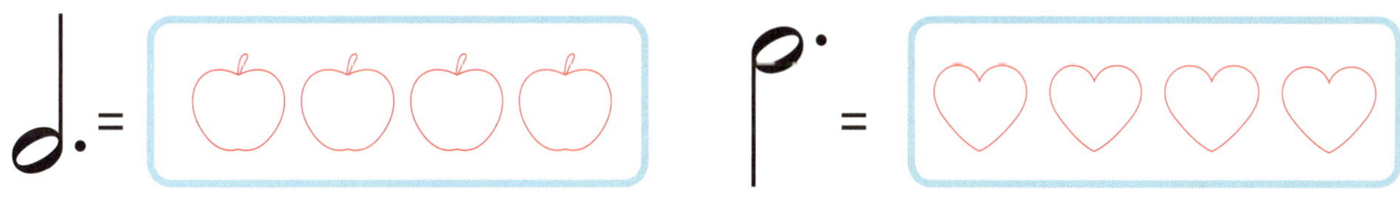

점2분음표 길이에 맞게 🍎 와 ❤ 스티커를 붙여 보세요.

점2분음표 길이에 맞게 색칠해 보세요.

온음표

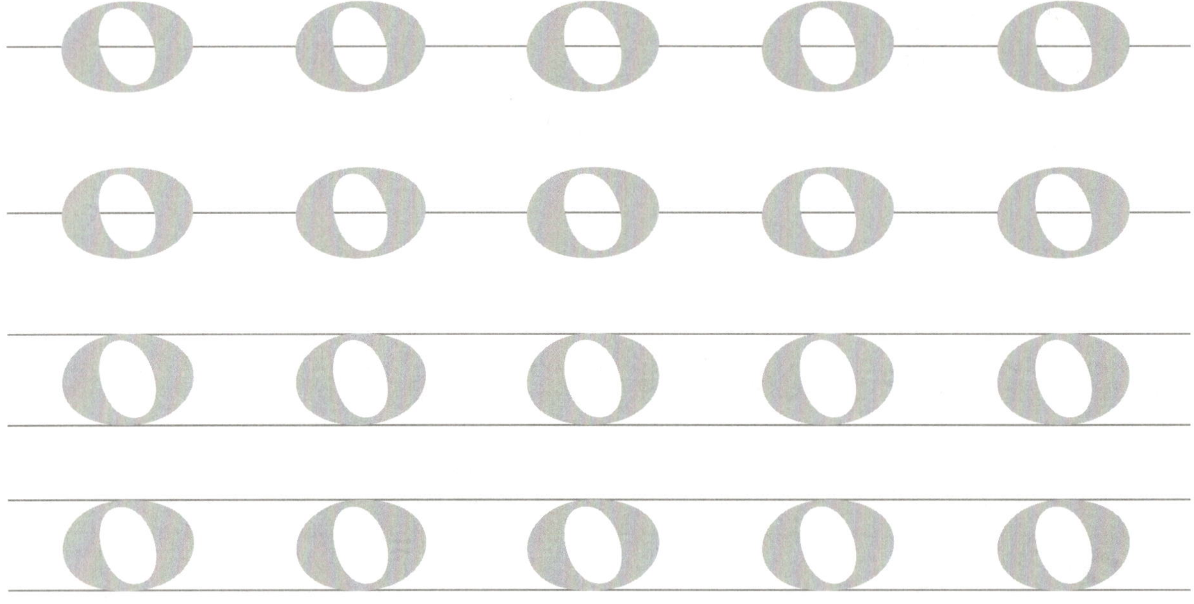

온음표 이름을 따라서 써 보세요.

온음표는 4박입니다.

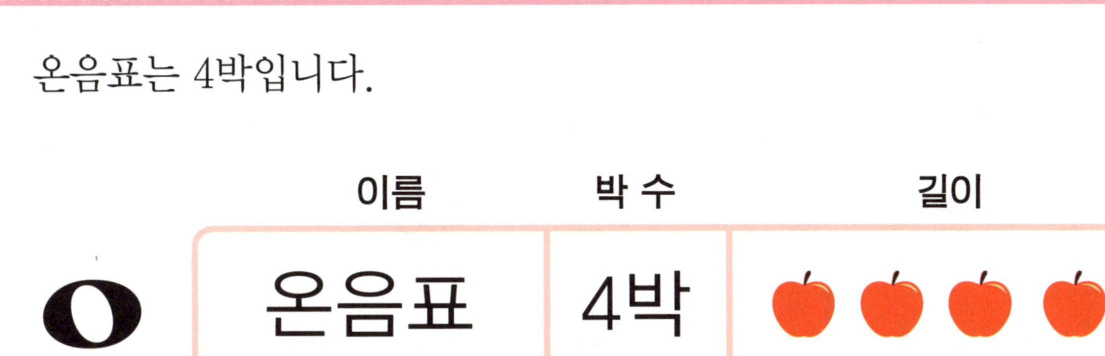

 따라서 쓰고, 길이에 맞게 🍎 에 색칠해 보세요.

𝐨	온 음 표	4박	🍎 🍎 🍎 🍎
			🍎 🍎 🍎 🍎

온음표 길이에 맞게 🍎 와 ♥ 스티커를 붙여 보세요.

𝐨 = 🍎 🍎 🍎 🍎   𝐨 = ♡ ♡ ♡ ♡

온음표 길이에 맞게 색칠해 보세요.

음표 형제

이름	음표	박 수	길이
4분음표	♩	1박	🍎
2분음표	♩	2박	🍎🍎
점2분음표	♩.	3박	🍎🍎🍎
온음표	o	4박	🍎🍎🍎🍎

따라서 쓰고, 음표 길이에 맞게 🍎 에 색칠해 보세요.

이름	음표	박 수	길이
4분음표	♩	1박	
2분음표	♩	2박	
점2분음표	♩.	3박	
온음표	o	4박	

맞는 것끼리 줄로 이어 보세요.

음표에 맞는 이름 스티커를 붙여 보세요.

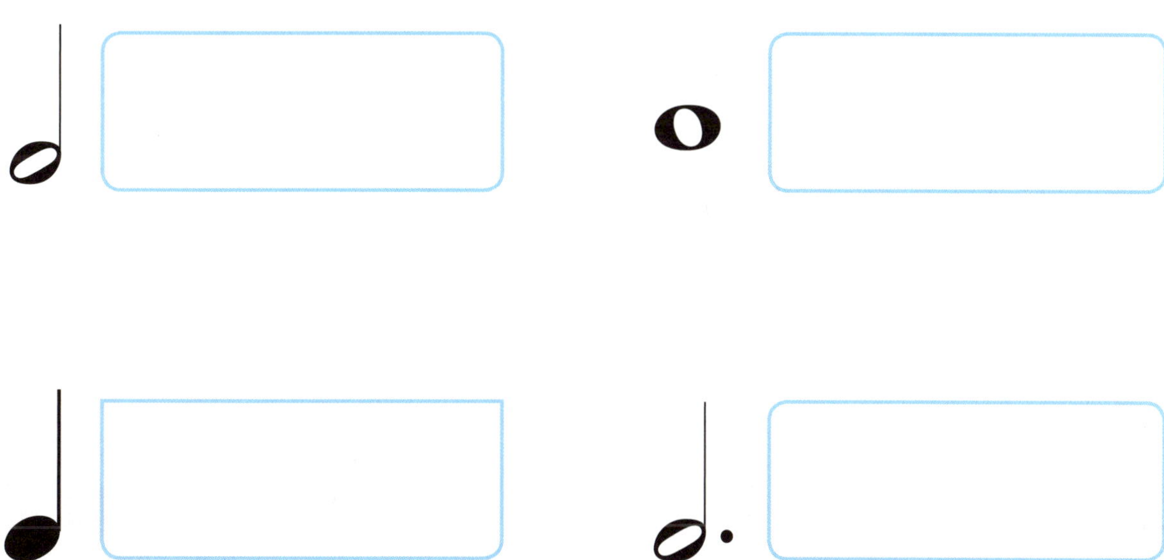

 음표 길이에 맞게 선풍기 날개를 색칠해 보세요.

배운것 기억하기 3

음표를 따라서 그리고, 써 보세요.

4분음표	4분음표

음표 길이에 맞게  에 색칠해 보세요.

따라서 쓰고, 음표 길이에 맞게 🍎 에 색칠해 보세요.

이름	음표	박 수	길이
4분음표	♩	1박	🍎 🍎 🍎 🍎
2분음표	♩	2박	🍎 🍎 🍎 🍎
점2분음표	♩.	3박	🍎 🍎 🍎 🍎
온음표	o	4박	🍎 🍎 🍎 🍎

음표의 이름과 박 수를 써 보세요.

♩ [　　　　]
◯ 박

♩ [　　　　]
◯ 박

♩. [　　　　]
◯ 박

o [　　　　]
◯ 박

흰건반 '파'

3개짜리 검은건반의
왼쪽 아래에 있는 흰건반이
계이름 '파' 입니다.

'파' 자로 시작하는 낱말을 따라서 써 보세요.

파	라	솔
파	라	솔

파	인	애	플
파	인	애	플

'파' 자리 건반에 계이름 '파'를 따라서 써 보세요.

'파' 건반을 모두 찾아서 색으로 예쁘게 칠해 보세요.

'파' 건반에 계이름 '파'를 써 보세요.

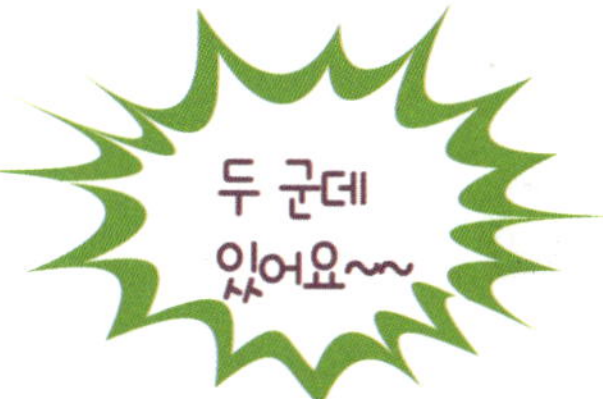

파

'파' 건반을 모두 찾아서 파 스티커를 붙여 보세요.

흰건반 '솔'

'파' 자리 건반 바로
위쪽(오른쪽)에 있는 흰건반이
계이름 '솔' 입니다.

'솔' 자로 시작하는 낱말을 따라서 써 보세요.

| 솔 | 개 |

| 솔 | 방 | 울 |

| 솔 | 개 |

| 솔 | 방 | 울 |

'솔' 자리 건반에 계이름 '솔'을 따라서 써 보세요.

'솔' 건반을 모두 찾아서 색으로 예쁘게 칠해 보세요.

'솔' 건반에 계이름 '솔'을 써 보세요.

'솔' 건반을 모두 찾아서 솔 스티커를 붙여 보세요.

흰건반 '도~솔'

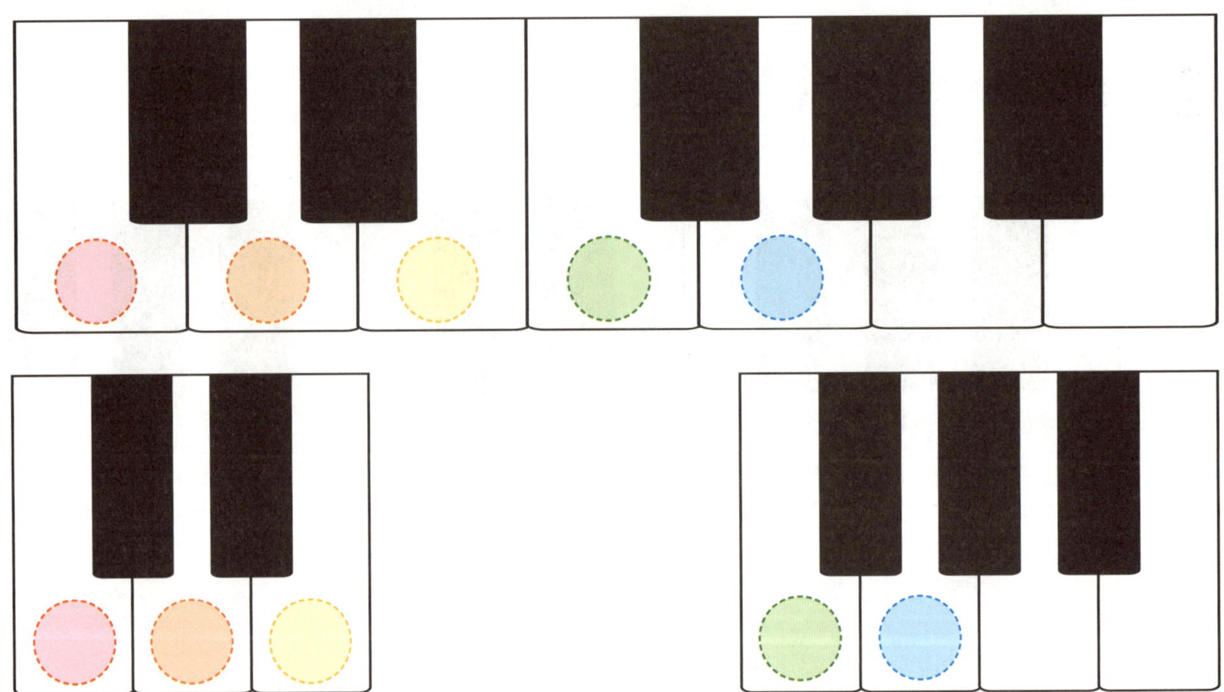 안에 알맞은 계이름을 써 보세요.

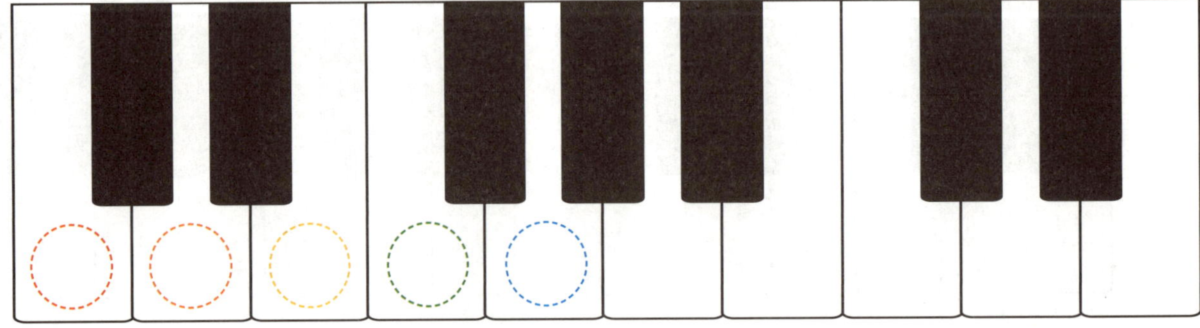 안에 알맞은 계이름 스티커를 붙여 보세요.

'도, 레, 미, 파, 솔' 자리에 계이름을 써 보세요.

건반과 맞는 풍선을 줄로 이어 보세요.

흰건반 '라'

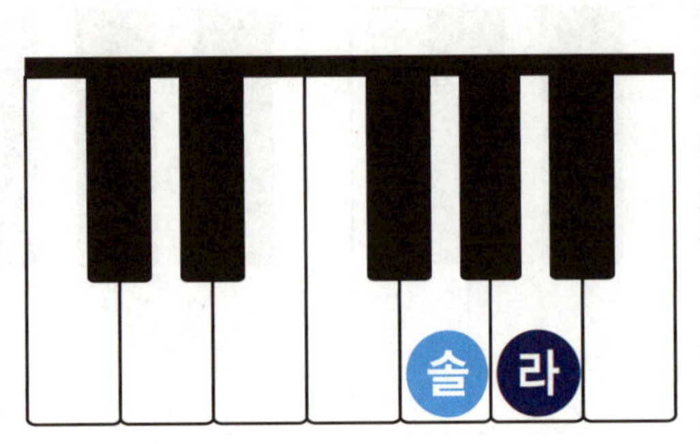

'솔' 자리 건반 바로 위쪽(오른쪽)에 있는 흰건반이 계이름 '라' 입니다.

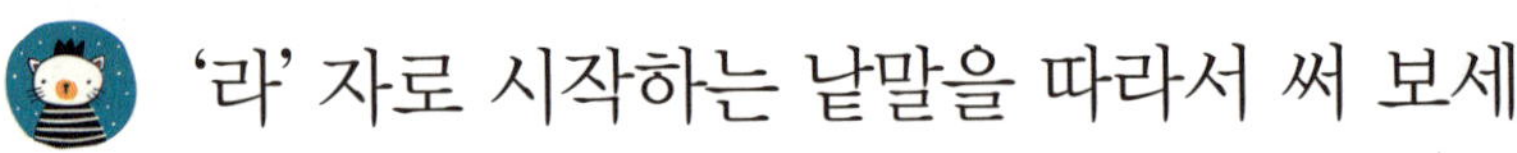

'라' 자로 시작하는 낱말을 따라서 써 보세요.

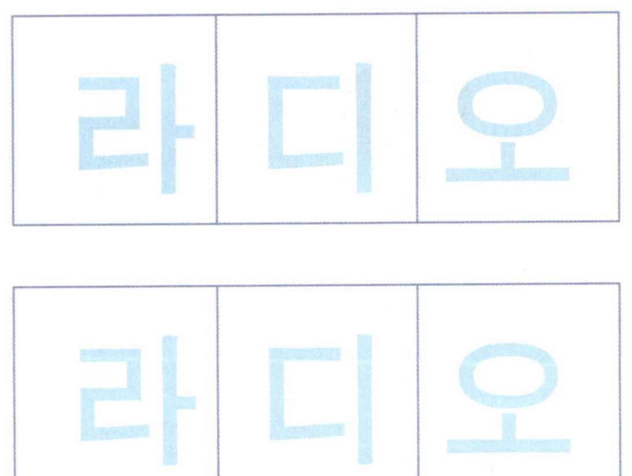

'라' 건반에 계이름 '라'를 따라서 써 보세요.

 '라' 건반을 모두 찾아서 색으로 예쁘게 칠해 보세요.

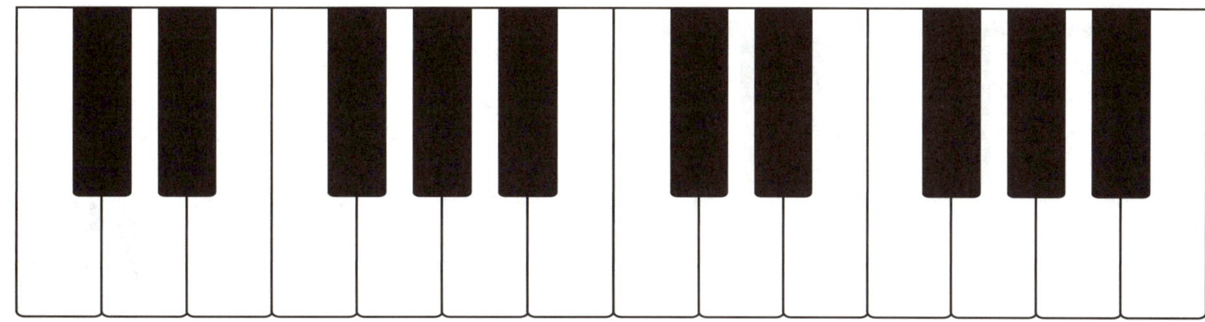

'라' 건반에 계이름 '라'를 써 보세요.

 '라' 건반을 모두 찾아서 라 스티커를 붙여 보세요.

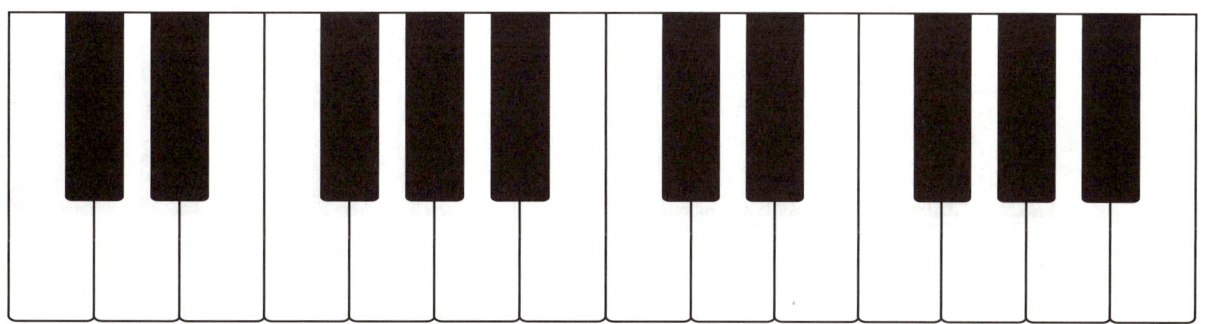

흰건반 '시'

3개짜리 검은건반
위쪽(오른쪽)에 있는 흰건반이
계이름 '시' 입니다.

 '시' 자로 시작하는 낱말을 따라서 써 보세요.

시계   시소

시계   시소

 '시' 건반에 계이름 '시'를 따라서 써 보세요.

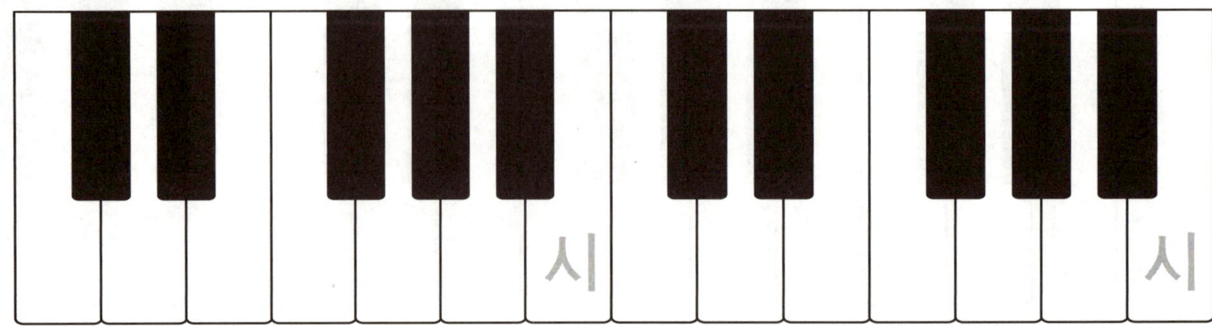

'시' 건반을 모두 찾아서 색으로 예쁘게 칠해 보세요.

'시' 건반에 계이름 '시'를 써 보세요.

'시' 건반을 모두 찾아서 시 스티커를 붙여 보세요.

흰건반 '파, 솔, 라, 시'

◯ 안에 알맞은 계이름을 써 보세요.

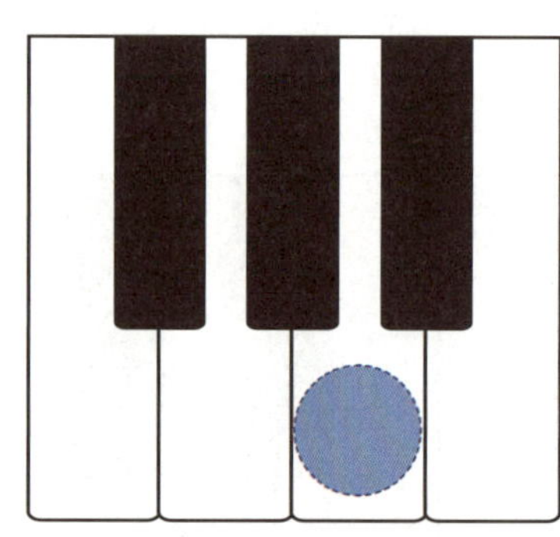

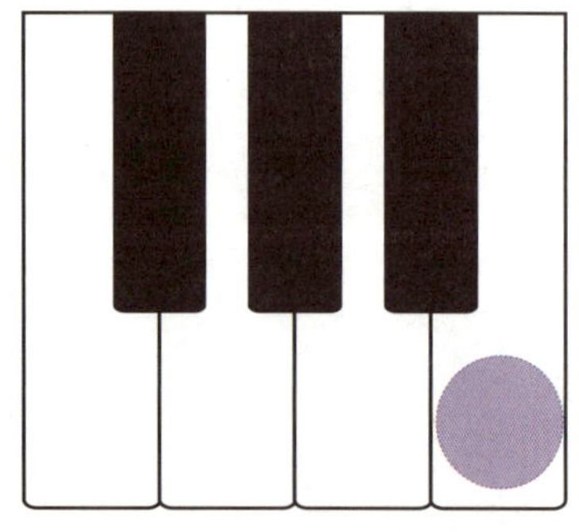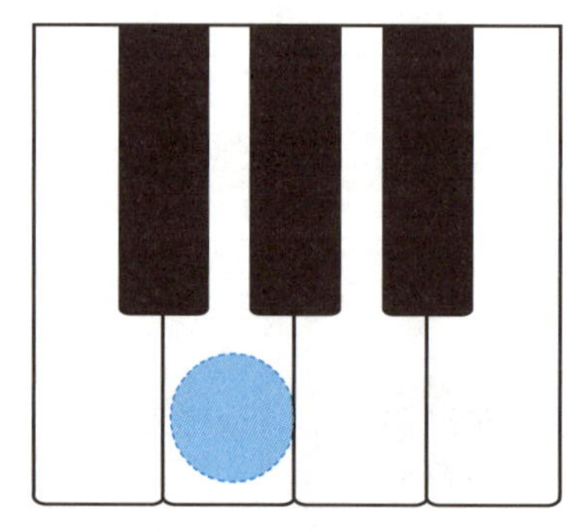

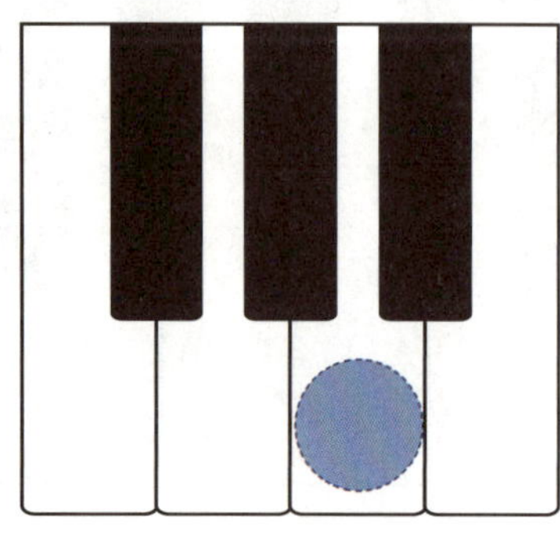

'파, 솔, 라, 시' 건반에 맞도록 계이름을 써 보세요.

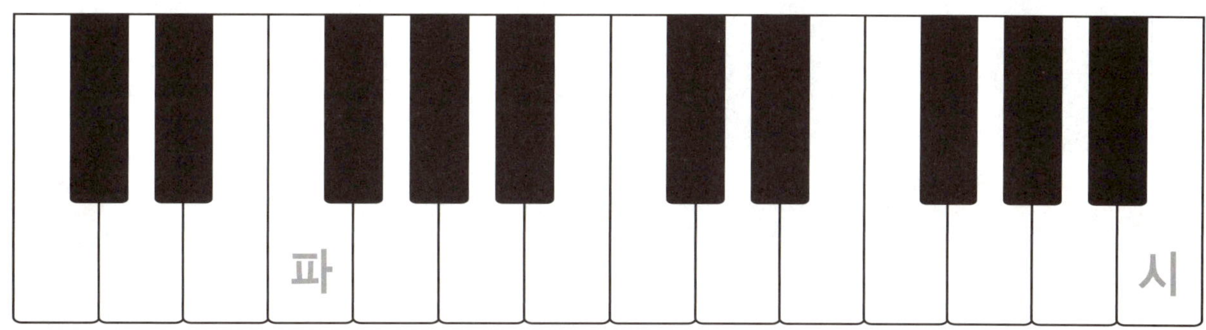

건반에 맞는 음을 줄로 이어 보세요.

흰건반 '도~시'

'시' 건반 다음은 다시
'도' 건반이 됩니다.

흰건반의 계이름을 따라서 써 보세요.

◯ 안에 알맞은 계이름을 써 보세요.

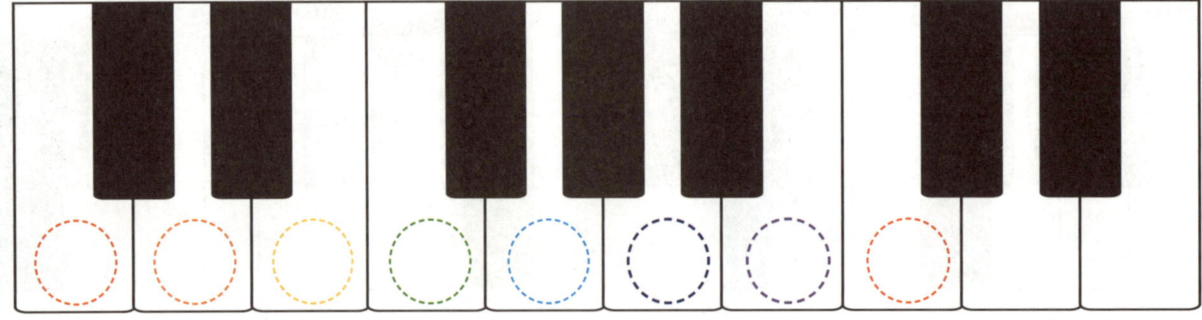

○ 안에 알맞은 계이름을 써 보세요.

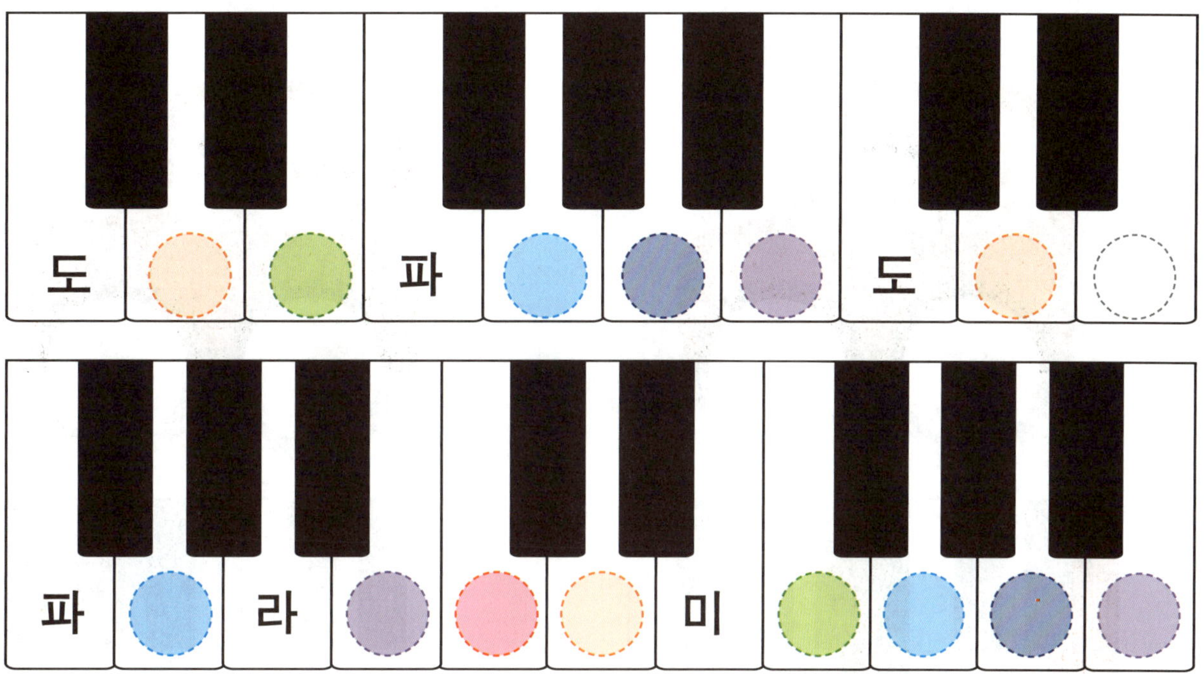

건반과 맞는 계이름을 줄로 이어 보세요.

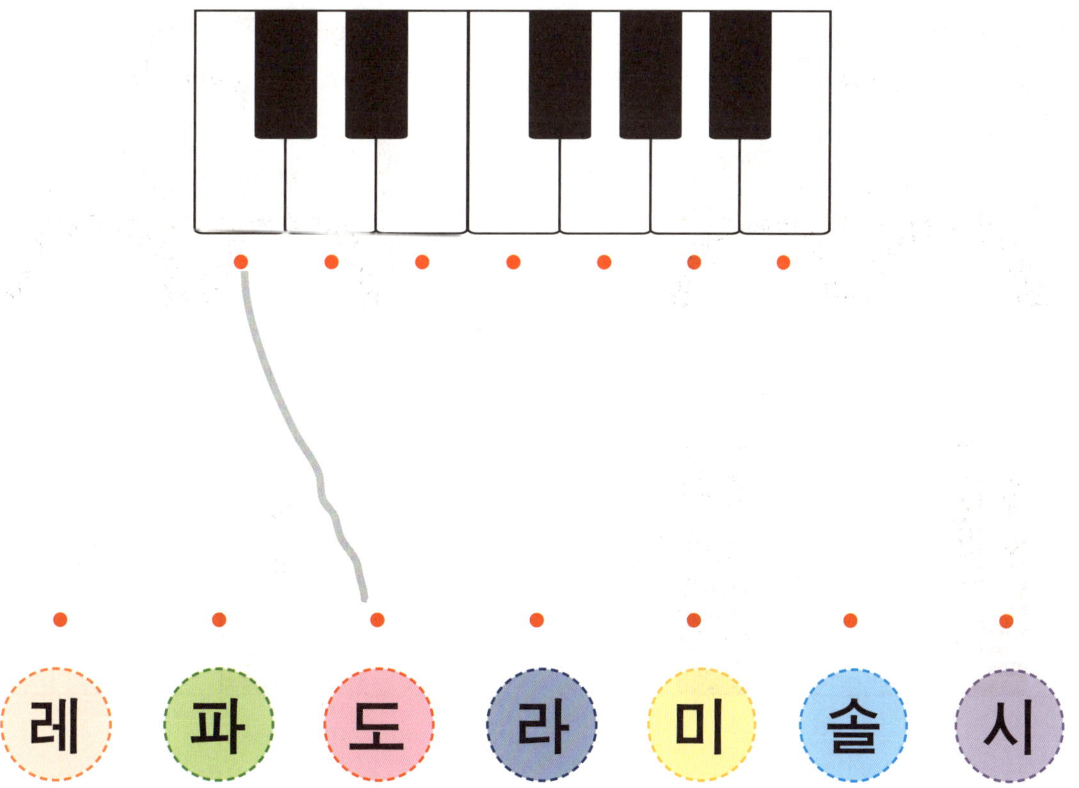

 안에 색칠된 건반의 계이름을 써 보세요

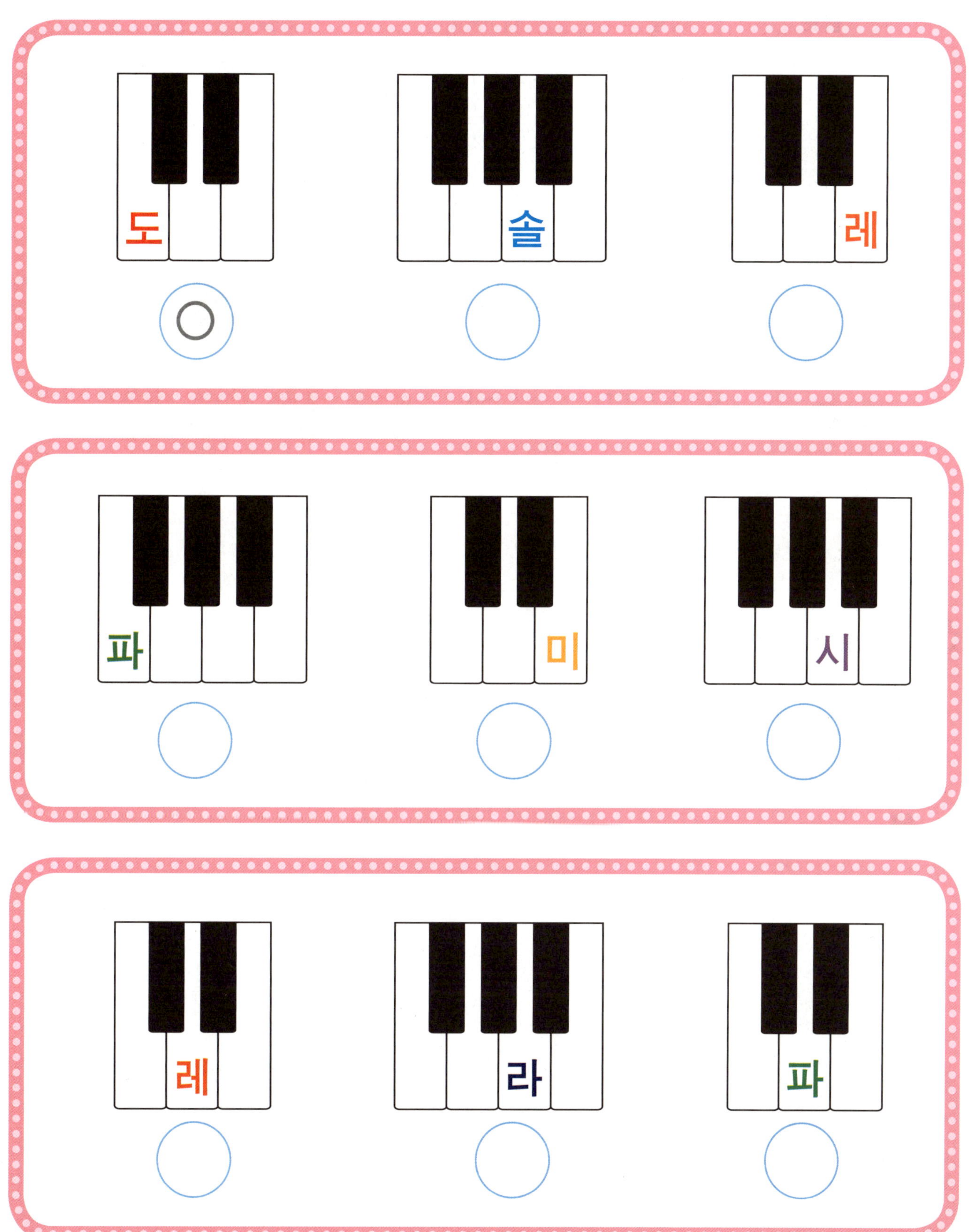
도
솔
레
파
미
시
레
라
파

음표 기억하기

음표	이름	박 수	길이
♩	4분음표	1박	🍎 🍎 🍎 🍎
♪	2분음표	2박	🍎 🍎 🍎 🍎
♩.	점2분음표	3박	🍎 🍎 🍎 🍎
o	온음표	4박	🍎 🍎 🍎 🍎

따라서 쓰고, 음표 길이에 맞게 🍎 에 색칠해 보세요.

음표	이름	박 수	길이
♩	4분음표	1박	🍎 🍎 🍎 🍎
♪	2분음표	2박	🍎 🍎 🍎 🍎
♩.	점2분음표	3박	🍎 🍎 🍎 🍎
o	온음표	4박	🍎 🍎 🍎 🍎

빈칸에 알맞게 쓰고 🍎 에 색칠해 보세요.

음표	이름	박 수	길이
♩		박	🍎🍎🍎🍎
	2분음표	박	🍎🍎🍎🍎
♩.		3박	🍎🍎🍎🍎
	온음표	박	🍎🍎🍎🍎

알맞은 것끼리 연결해 보세요.

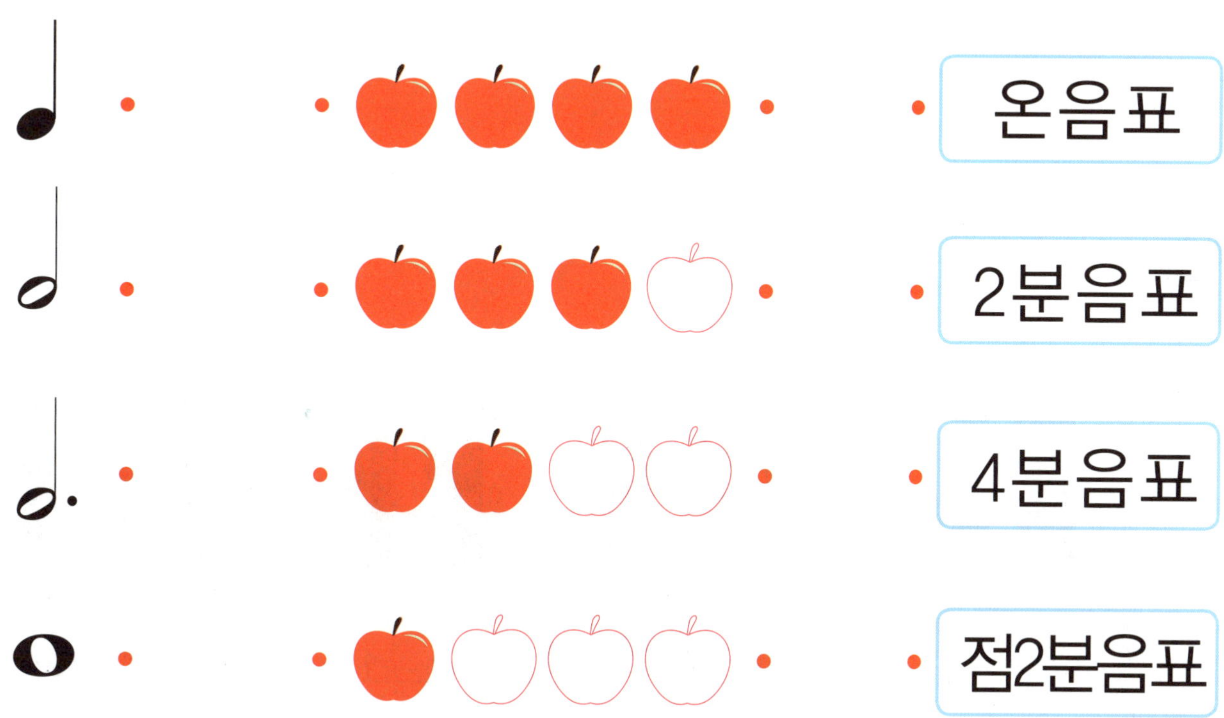

배운것 기억하기 4

'도, 레, 미, 파, 솔' 자리에 계이름을 써 보세요.

'파, 솔, 라, 시' 자리에 계이름을 써 보세요.

◯ 안에 알맞은 계이름을 써 보세요.

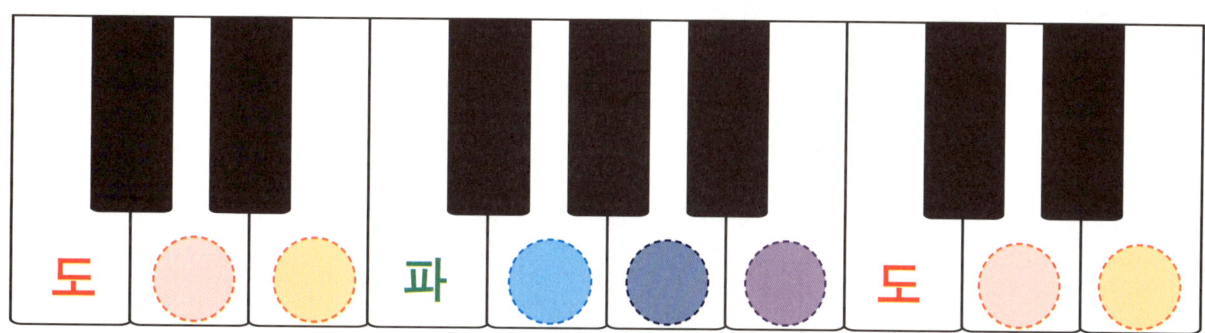

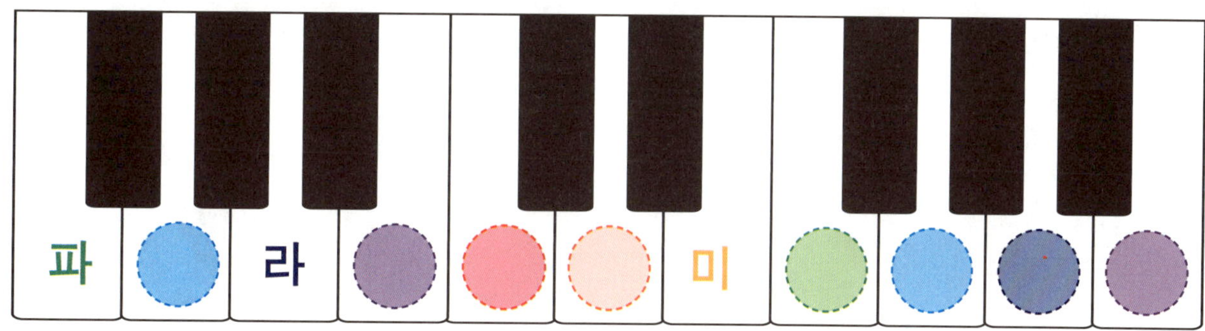

알맞은 것끼리 연결해 보세요.

총정리 1회

손가락 번호를 따라서 써 보세요.

손가락 번호를 써 보세요.

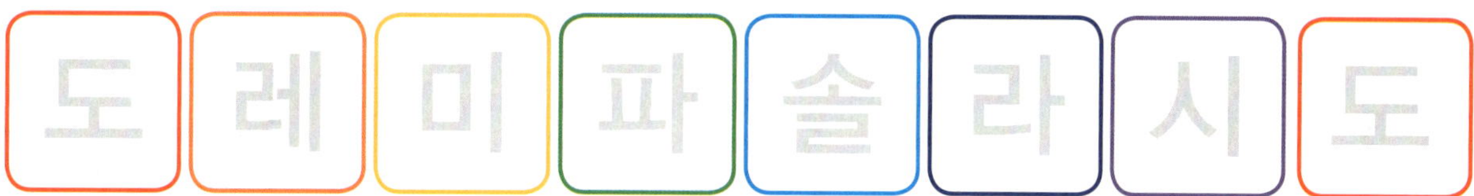

계이름을 따라서 써 보세요.

도 레 미 파 솔 라 시 도

빈 곳에 알맞은 계이름을 써 보세요.

도   파   라   도
    미   시

◯ 안에 알맞은 건반의 계이름을 써 보세요.

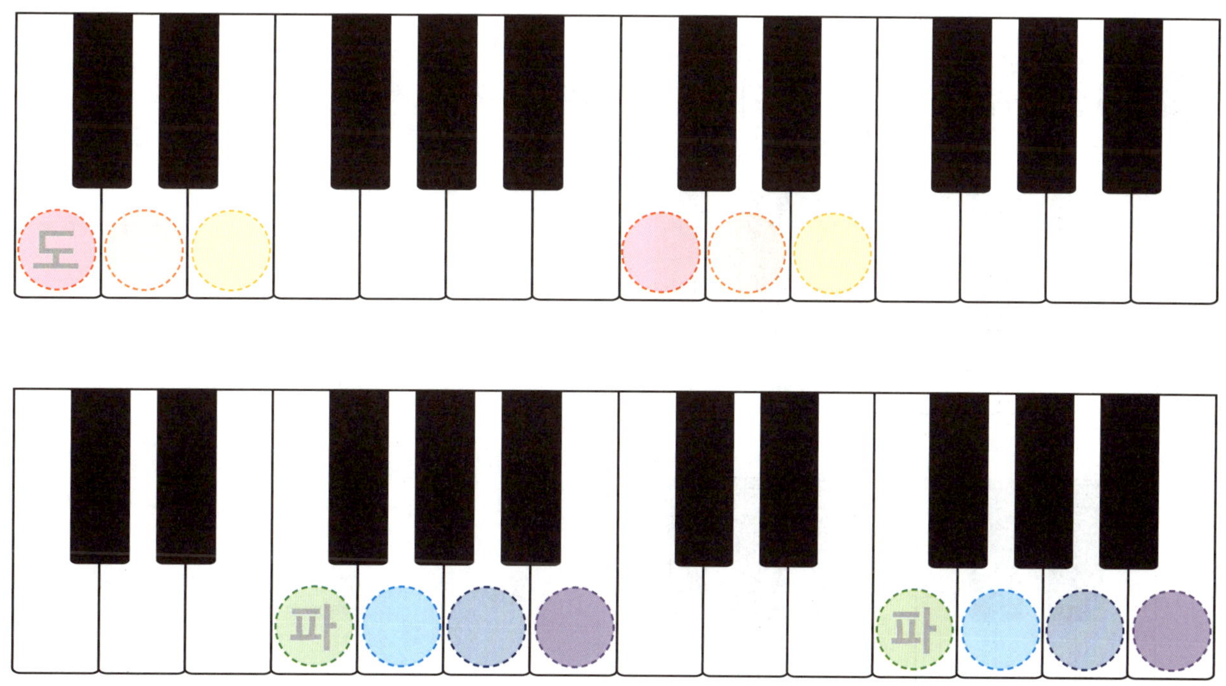

총정리 2회

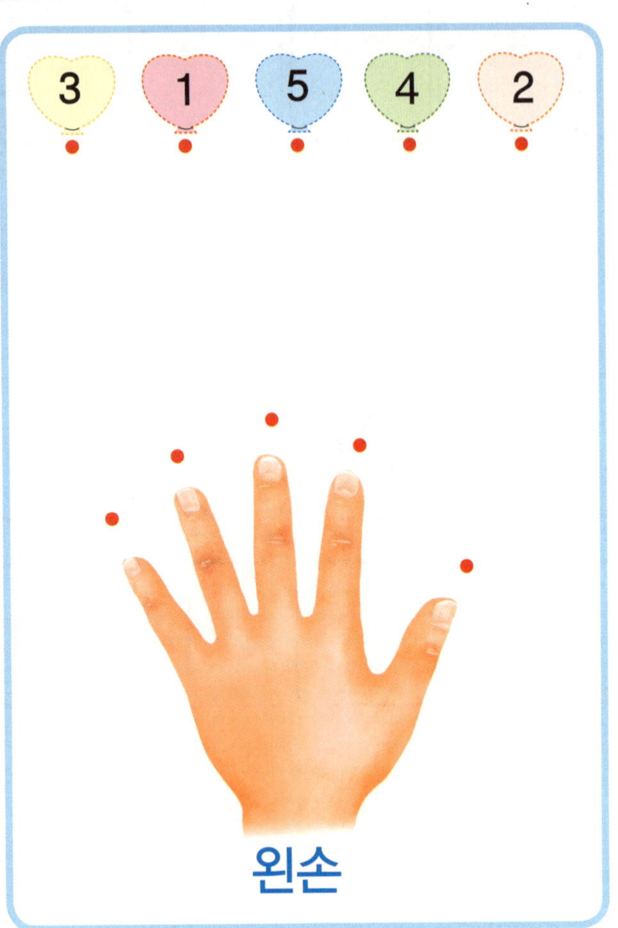

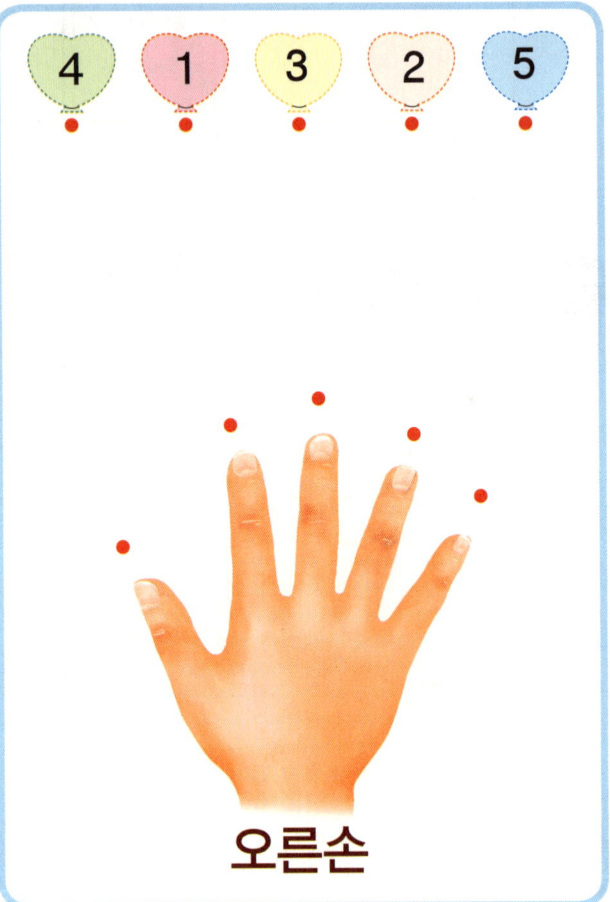

손가락 번호와 맞는 손가락을 줄로 이어 보세요.

색칠한 부분에 맞는 계이름을 차례대로 써 보세요.

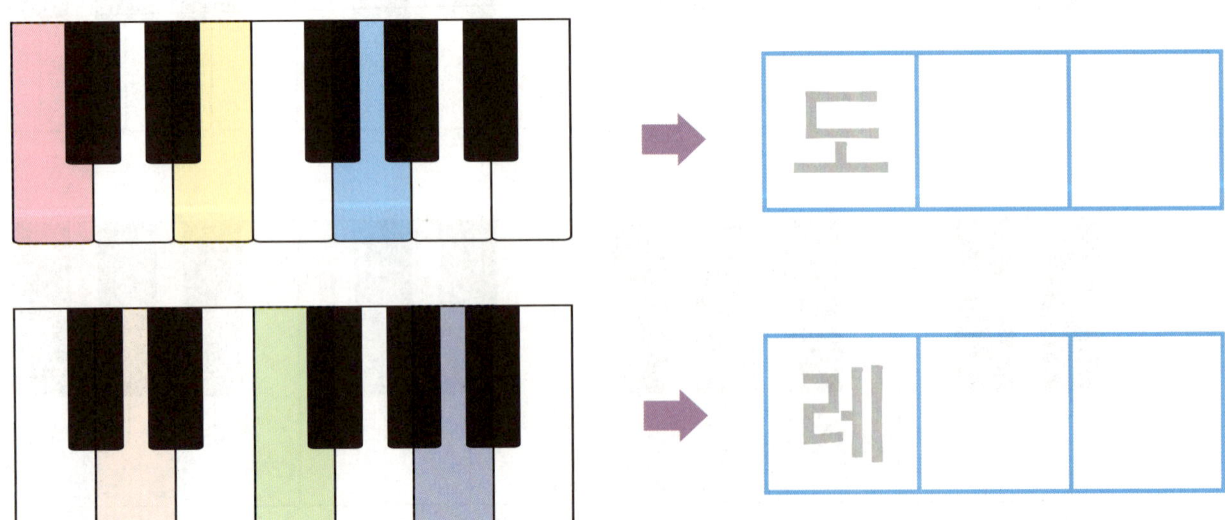

음표를 따라서 그리고, 써 보세요.

| 2분음표 | 온음표 |
| 4분음표 | 점2분음표 |

○ 안에 알맞은 건반의 계이름을 써 보세요.

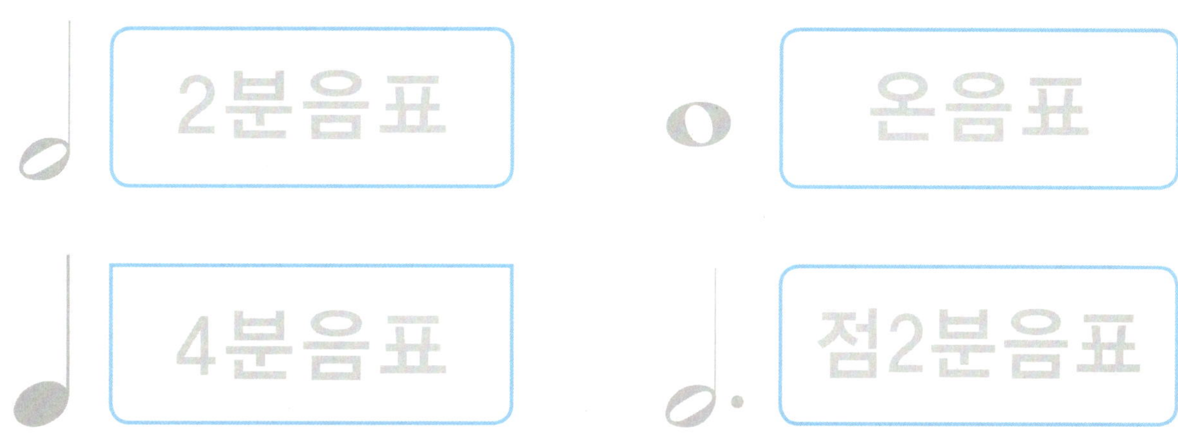

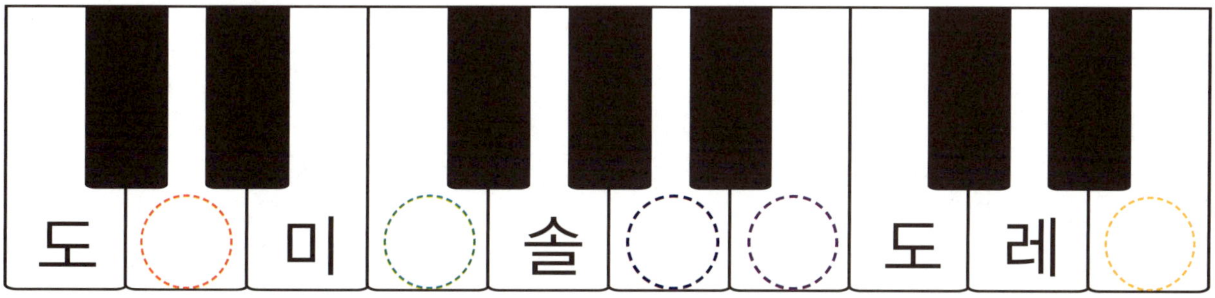

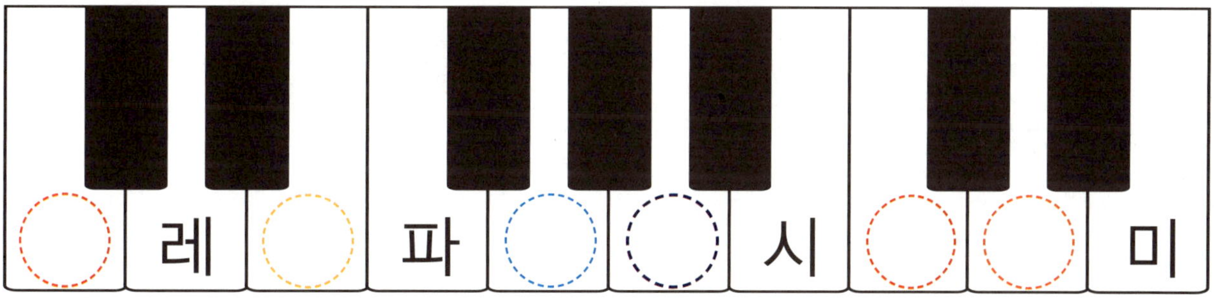

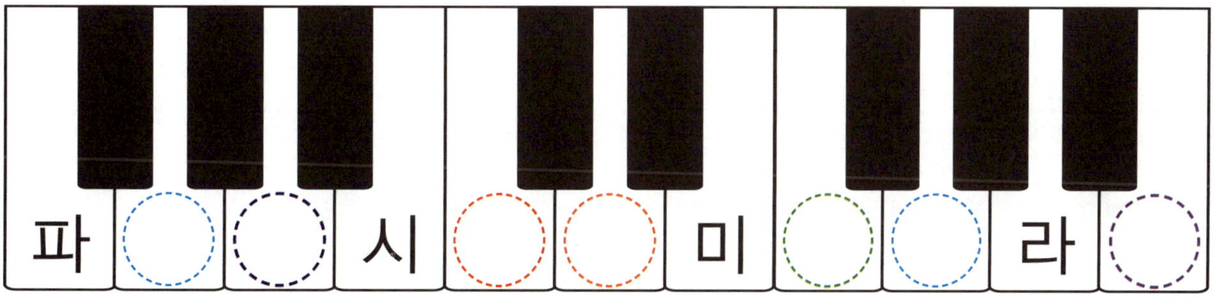

총정리 3회

🐻 손가락 번호에 맞는 손가락을 찾아서 색칠해 보세요.

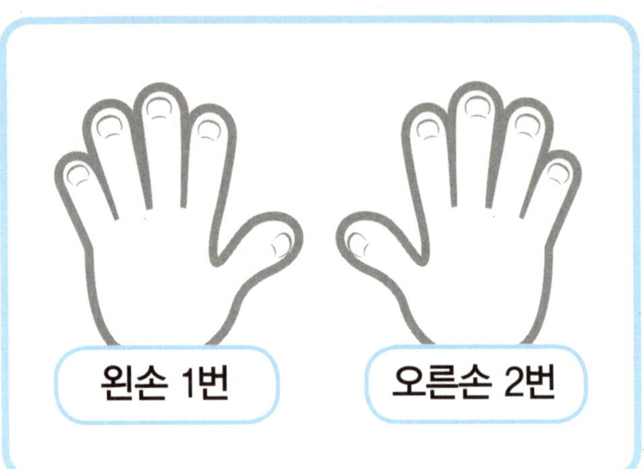

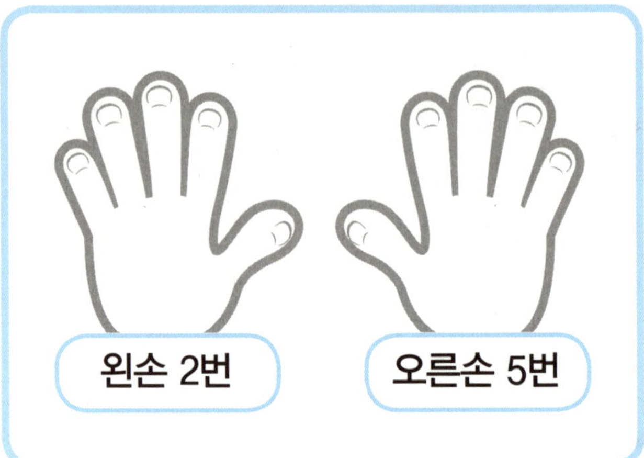

🐝 음표를 따라서 그리고, 쓴 다음 길이만큼 색칠해 보세요.

음표	이름	박 수	길이			
♩	4분음표	1박	🍎			
♩						
♩.						
𝅝						

○ 안에 알맞은 건반 계이름을 써 보세요.

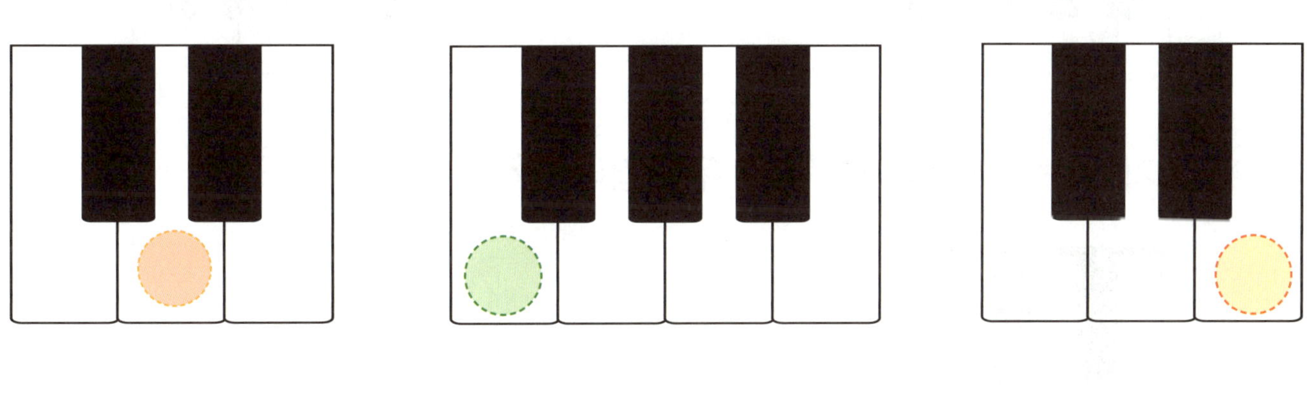

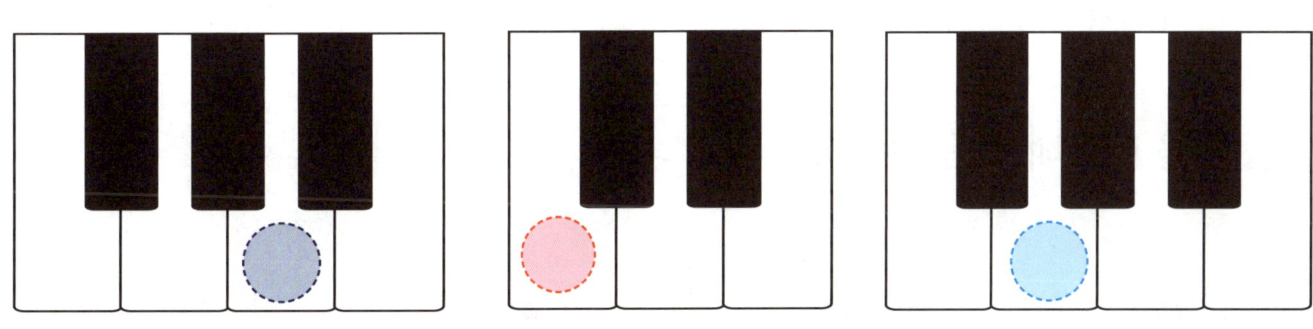

총정리 4회

1. 다음 중 왼손은 어느 것입니까? ·························· (　　)

① 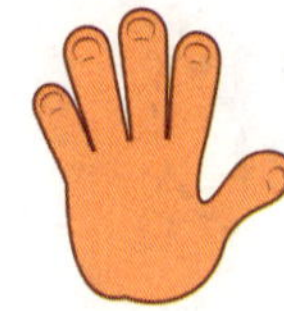　　　　② 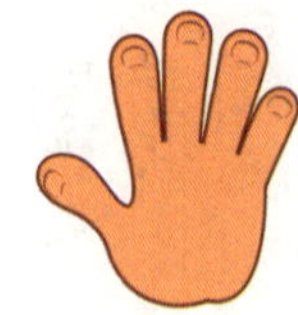

2. 다음 중 4분음표는 어느 것입니까? ···················· (　　)

① 　　② 　　③ 　　④ 

3. 검은건반이 바르게 짝지은 것은 어느 것입니까? ············ (　　)

① 　　　　② 

③ 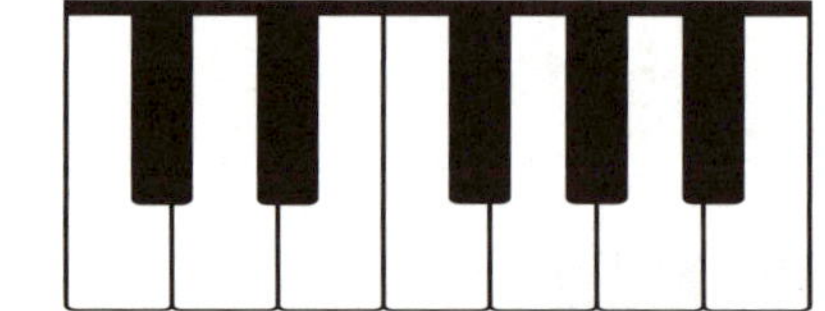　　　　④

4.  가 있는 건반의 계이름을 무엇입니까? ·················· (　　)

① 도　　　② 레

③ 미　　　④ 파

5. 1박을 나타내는 음표는 어느 것입니까? ················ (　　)

① 　　② 　　③ 　　④ 

6. 다음 중 오른손 1번 손가락에 있는 것은 어느 것입니까? ·········· (　　　)

①  ② 

③  ④ 

7. 색칠한 건반의 게이름은 무엇입니까?····················· (　　　)

① 레　② 파

③ 라　④ 시

8.  안에 알맞은 계이름은 무엇입니까? ············· (　　　)

라 ─ ♥ ─ 도

① 솔　② 시

③ 레　④ 미

※ 맞는 것끼리 줄로 이어 보세요.

9.  •　　• ㉠ 

10.  •　　• ㉡ 

총정리 5회

1. 계이름은 '도'부터 '시'까지 몇 개가 있습니까? ·················· (   )

① 5개   ② 6개   ③ 7개   ④ 10개

2. ♥ 안에 알맞은 계이름은 무엇입니까? ·················· (   )

① 도   ② 미

③ 솔   ④ 라

3. 색칠한 건반의 계이름을 차례대로 써 보세요.

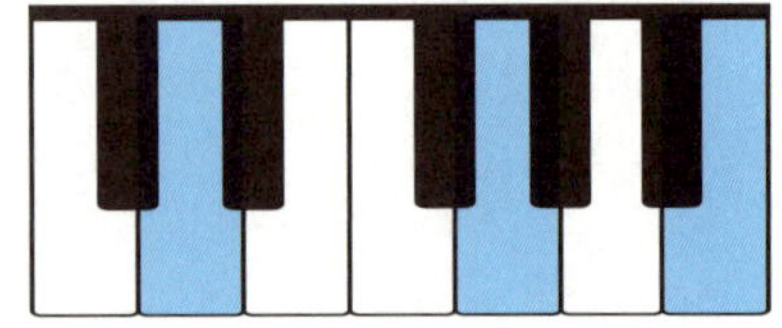
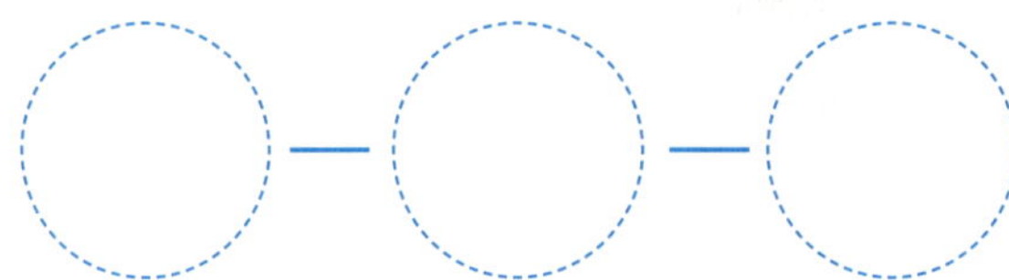

4. 다음 음표의 이름은 무엇입니까? ·················· (   )

① 4분음표   ② 2분음표

③ 점2분음표   ④ 온음표

5. '파' 자리 건반에 바르게 색칠한 것은 어느 것입니까? ·················· (   )

① 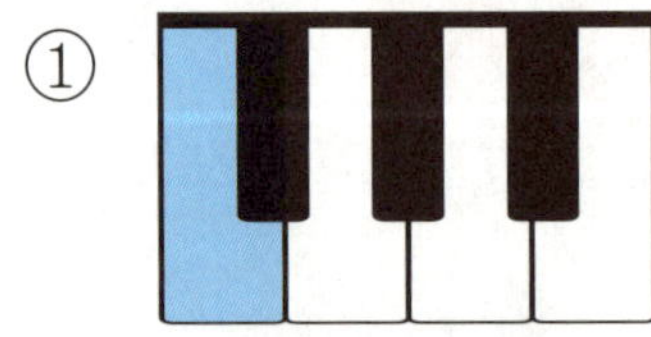   ② 

③ 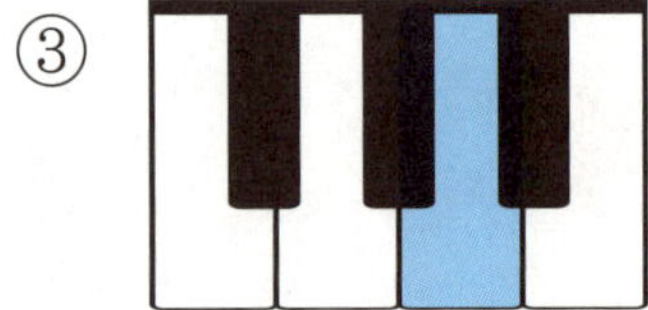   ④ 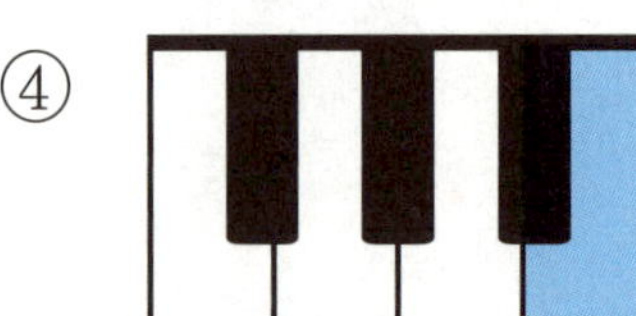

6. 다음 중 점2분음표는 어느 것입니까? ························ (　　　)

① ♩　　② ♩　　③ o　　④ ♩.

7. 🔴 안에 있는 계이름에 맞는 건반 번호를 써 보세요. ··········· (　　　)

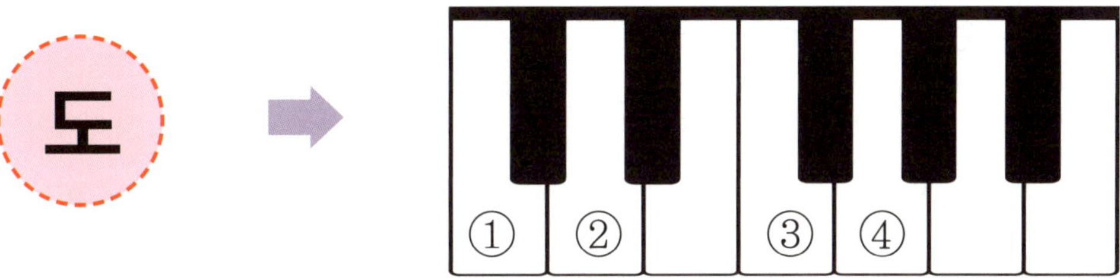

8. ⭕ 에 알맞은 손가락 번호를 써 보세요.

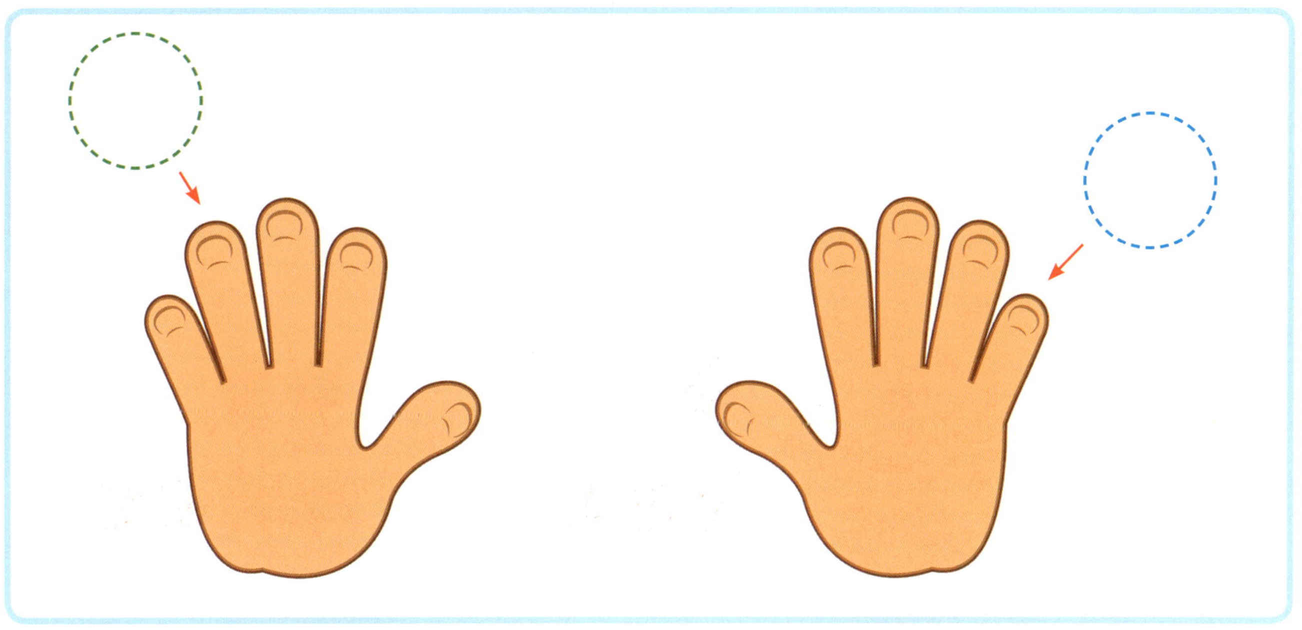

※ 둘 중 길이가 긴 음표에 ⭕ 표해 보세요.

9. 

10.

총정리 6회

1. ♥가 있는 건반의 계이름은 무엇입니까? .... (　　)

① 도　　　　② 레

③ 미　　　　④ 파

2. 다음 중 길이가 가장 긴 음표는 무엇입니까? .... (　　)

① 　　② 　　③ 　　④ ○

3. ♥ 안에 알맞은 계이름은 무엇입니까? .... (　　)

① 시　　　　② 도

③ 라　　　　④ 파

4. 다음 음표의 길이에 알맞은 것은 어느 것입니까? .... (　　)

① 🍎　　　　　　② 🍎🍎

③ 🍎🍎🍎　　　　④ 🍎🍎🍎🍎

5. '시' 자리 건반에 있는 번호를 써 보세요. .... (　　)

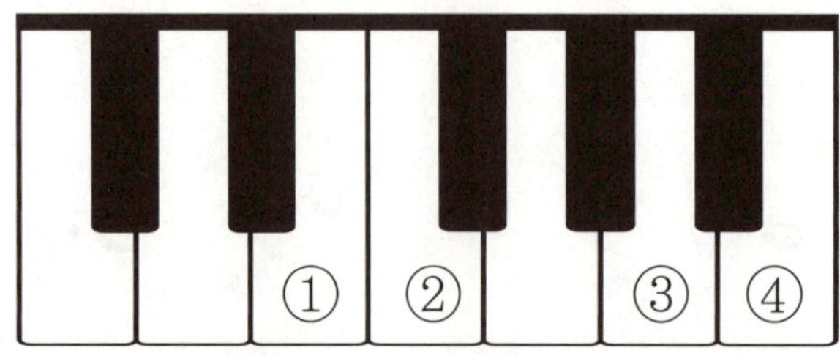

6. 다음 음표의 이름은 무엇입니까? ·························· (   )

① 4분음표   ② 2분음표

③ 온음표   ④ 점2분음표

7. ♥ 안에 알맞은 손가락 번호는 무엇입니까? ·················· (   )

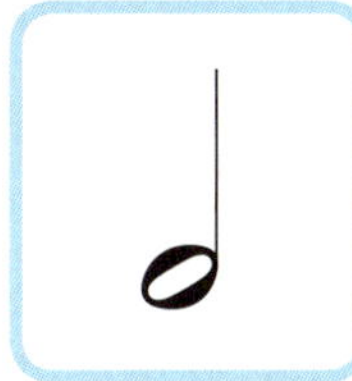

① 1   ② 2

③ 4   ④ 5

8. 음표의 길이가 짧은 것에서 긴 것 순서로 바르게 된 것은 어느 것 입니까? ························· (   )

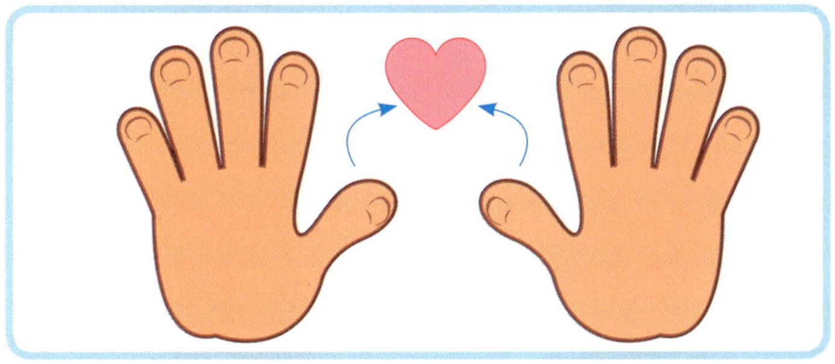

9. 음표의 길이가 잘못 짝지어진 것은 어느 것입니까? ············· (   )

① ♩ = 2박   ② ♩ = 1박   ③ 𝅝 = 4박   ④ ♩. = 5박

10. ◯ 안에 알맞은 계이름을 써 보세요.

발행일	2025년 03월 10일
발행인	남 용
편저자	일신음악연구회
발행처	일신서적출판사
주 소	서울시 마포구 독막로 31길 7
등 록	1969년 9월 12일(No. 10-70)
전 화	(02) 703-3001~5(영업부)
	(02) 703-3006~8(편집부)
F A X	(02) 703-3009

ISBN 978-89-366-2884-0   94670

978-89-366-2883-3   (세트)

www.ilsinbook.com

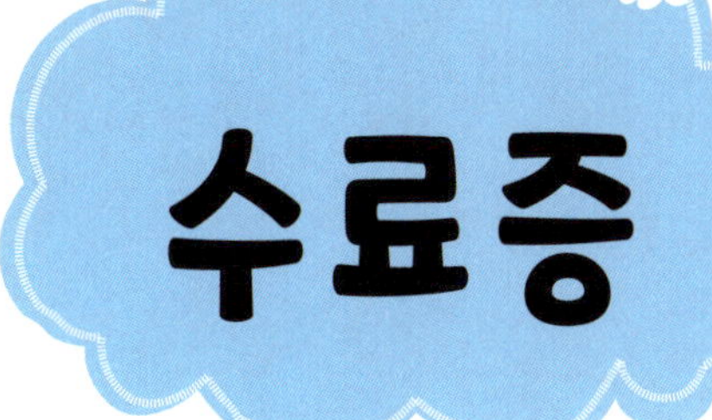

수료증

이 름 ＿＿＿＿＿＿＿

위 어린이는 쉬운이지 베스트 음악이론1 과정을

훌륭하게 마쳤으므로 이 수료증을 드립니다.

많이 칭찬해 주세요. 축하합니다!

이어서 쉬운이지 베스트 음악이론2를

시작하세요.

＿＿＿＿ 년 ＿＿ 월 ＿＿ 일

선생님 ＿＿＿＿＿＿＿

종이접기 -튤립-

꽃 만들기

1 Ⓐ에서 Ⓑ로 한 번 접었다 펴세요.

2 **1**에서 만든 중심선에 맞추어 Ⓐ에서 Ⓑ로 반을 접으세요.

3 점선대로 양쪽을 삼각형 모양대로 접어 올리세요.

4 꽃잎 완성

잎 만들기

1 Ⓐ에서 Ⓑ로 한 번 접어 내리세요.

2 점선모양대로 반으로 접으세요.

3 위의 한 장만 점선대로 접으세요.

4 잎 완성

꽃 만들기

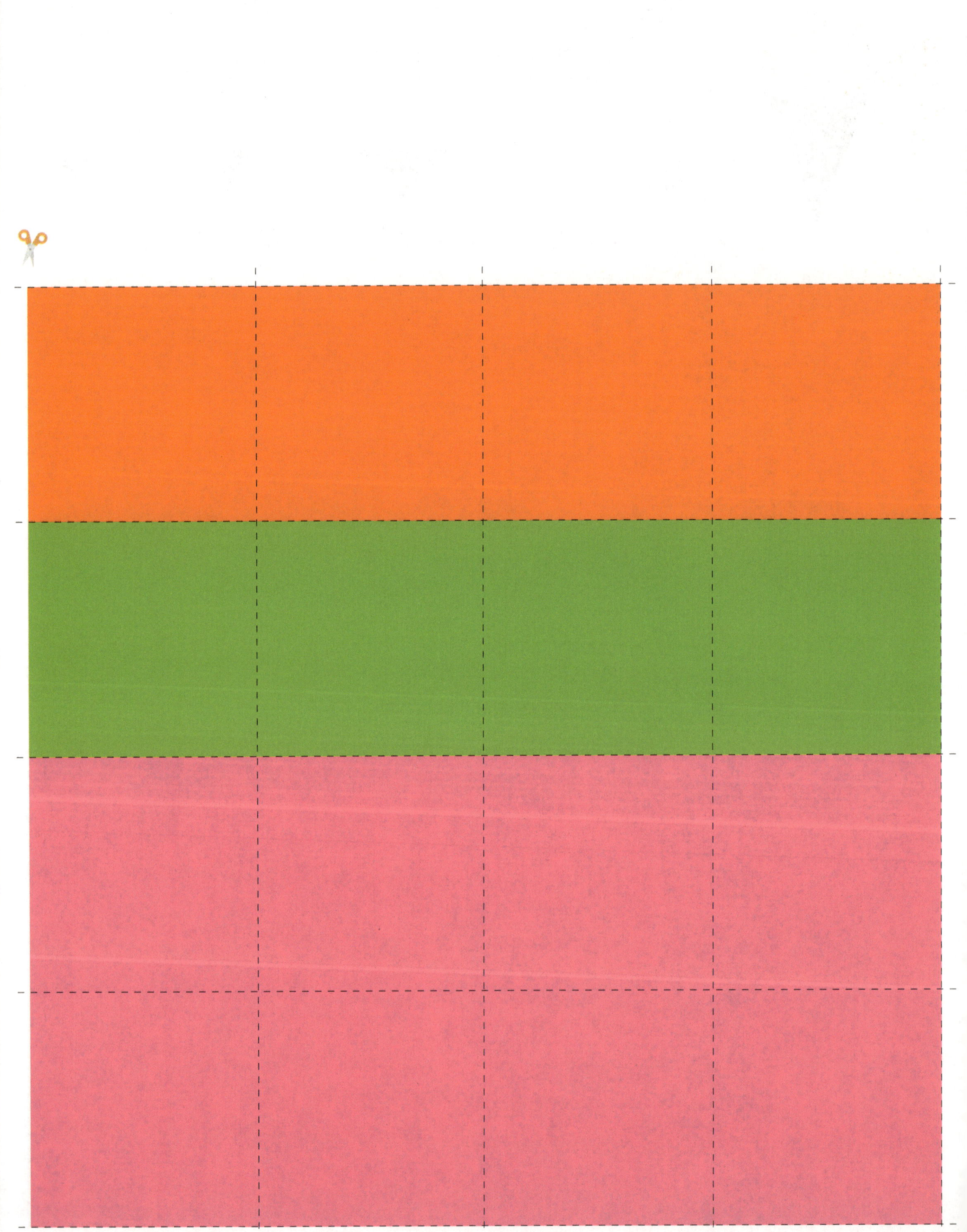

쉬운 EASY 베스트 음악이론 ❶ 총정리 1~6회

70p

72p

1권 총정리 4 (76페이지)

01.① 02.① 03.④ 04.① 05.③ 06.① 07.② 08.② 09.ㄴ 10.ㄱ

1권 총정리 5 (78페이지)

01.③ 02.② 03.레·솔·시 04.④ 05.① 06.④ 07.① 08.④, ⑤
09.♩ 10. o

1권 총정리 6 (80페이지)

01.② 02.④ 03.④ 04.③ 05.④ 06.② 07.① 08.② 09.④ 10.시·솔

15p

25p ~ 29p

37p ~ 43p

45p

4분음표	2분음표
점2분음표	온음표

51p ~ 53p

54p

57p

59p